AF393271

Friedemann und Barbara Hellwig

Joachim Tielke

Neue Funde zu Werk und Wirkung

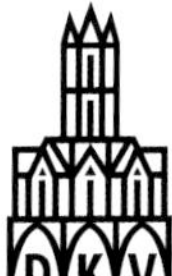

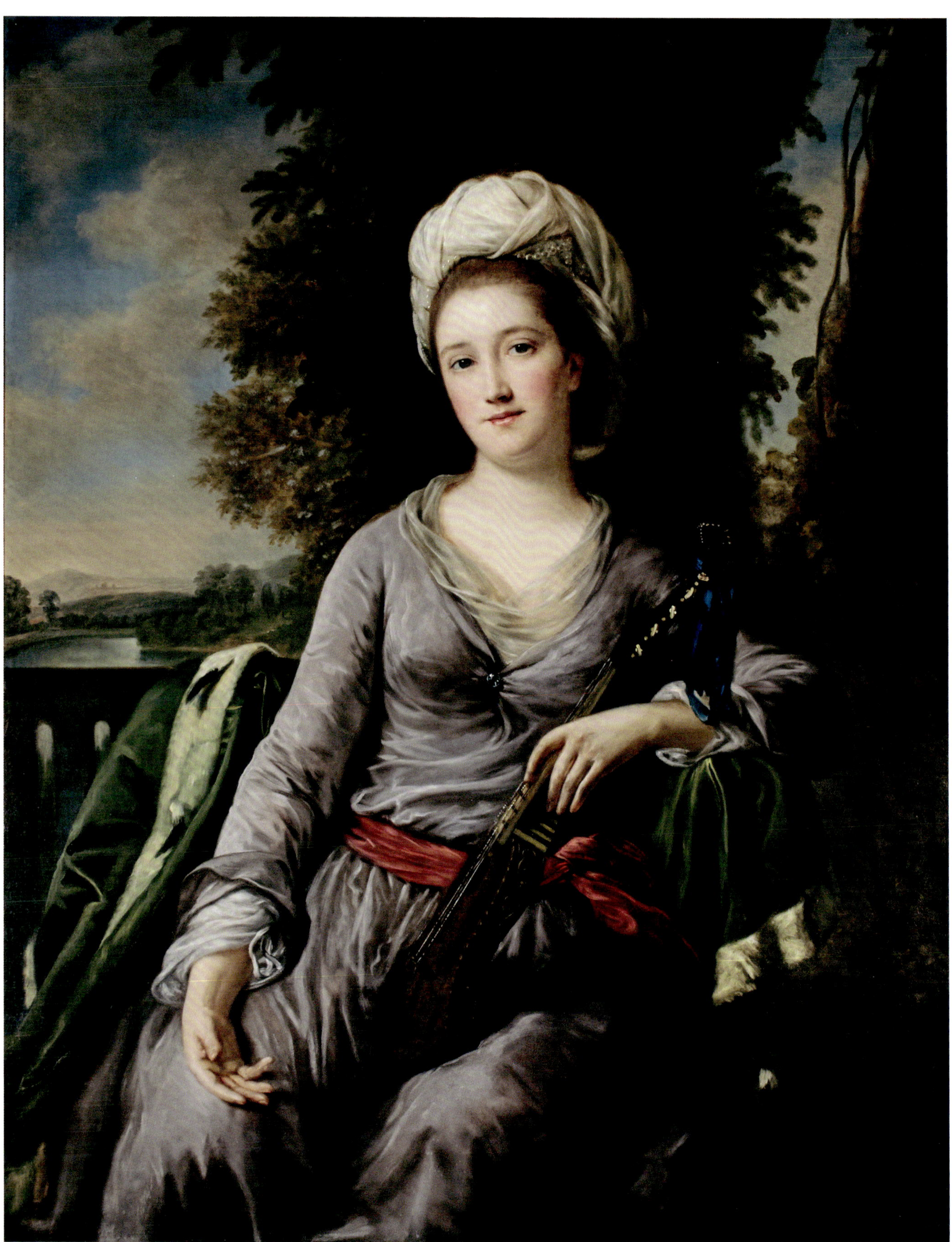

Friedemann und Barbara Hellwig

Joachim Tielke

Neue Funde zu Werk und Wirkung

Mit Beiträgen von

Micha Beuting und Peter Klein

Sebastian Kirsch

Andreas Michel

DEUTSCHER KUNSTVERLAG

Abbildung auf dem Frontispiz
Unbekannter Meister, um 1795: Dame mit Hamburger Cithrinchen.
London, Royal College of Music
Foto: Alan Rubin, Provins, Frankreich
(siehe dazu S. 27: Hamburger Cithrinchen, 1676, TieWV 13)

Lektorat: Rudolf Winterstein, München
Gestaltung: Friedemann Hellwig
Satz und Umschlag: Edgar Endl, bookwise, München
Bildbearbeitung: Friedemann Hellwig
Druck und Verarbeitung: optimal media GmbH, Röbel/Müritz

Bibliografische Information der Deutschen Nationalbiliothek
Die Deutsche Nationalbibliothek verzeichnet diese Publikation
in der Deutschen Nationalbibliografie;
detaillierte bibliografische Daten sind im Internet
unter http://dnb.dnb.de abrufbar

www.deutscherkunstverlag.de · www.degryuter.com

ISBN 978-3-422-98211-6

Inhaltsverzeichnis

Vorwort

Unsere 2011 im Deutsschen Kunstverlag erschienene Monographie zu Leben und Werk Joachim Tielkes ist von Kollegen und der Kritik freundlich aufgenommen worden, worüber wir uns sehr freuen. Wir wissen, wie hoch der Anteil des Verlegers an der Präsentation unserer Arbeit ist.

Und nun fragen wir uns: Ist es sinnvoll, schon acht Jahre nach Erscheinen unserer Veröffentlichung einen Ergänzungsband zu publizieren? Wir meinen ja, denn es sind nicht weniger als fünf neu aufgefundene Instrumente vorzustellen. Weitere Neuentdeckungen sind in den nächsten Jahren nun kaum noch zu erwarten; die Gesamtzahl der nachgewiesenen Arbeiten Tielkes beträgt nunmehr 174. Dieses ist für die vorindustrielle Zeit eine erstaunliche Anzahl, die nur noch von derjenigen der Instrumente Antonio Stradivaris übertroffen wird. Aufgetaucht ist außerdem ein Gemälde vom Ende des 18. Jahrhunderts das eine Dame mit einem Cithrinchen Joachim Tielkes auf ihrem Schoß zeigt. Es ist das einzige bisher bekannte Gemälde mit einem noch heute existierenden Instrument aus der Hamburger Werkstatt.

Und noch etwas gibt Anlass, den großen Hamburger Instrumentenmacher erneut ins Rampenlicht zu stellen: 2019 war das 300. Todesjahr Joachim Tielkes. Am 19. September 1719 starb er in Hamburg und wurde eine Woche später in St. Nikolai bestattet, »frembt« wie es im »Buch der Begräbnisse« heißt. »Fremd«, weil er zu einer anderen Gemeinde gehörte, aber dennoch in St. Nikolai in der Grablege seines vor ihm verstorbenen Schwiegersohnes Joachim Borgeest zur Ruhe gebettet wurde. Der 1842 wütende Brand hat die Kirche verwüstet, im Zuge ihres Neubaus ist die Grabstätte überbaut worden und durch die Bombardierungen des Zweiten Weltkriegs endgültig verschwunden. – Die Kirche St. Nikolai besaß zu Tielkes Zeiten das größte je von Arp Schnitger, dem berühmten Hamburger Orgelbauer, geschaffene Instrument. Schnitger starb im selben Jahr wie Tielke und wurde am 28. Juli in Neuenfelde am südlichen Elbeufer begraben. Wie weiter unten zu lesen sein wird, gibt es verschlungene Wege, die beide miteinander verbinden.

Im Kapitel »Miszellen zu Leben und Werk« werden verschiedene Ergebnisse aus der Forschung und der Beschäftigung mit Instrumenten Tielkes zusammengetragen, sie stammen aus sehr unterschiedlichen Quellen. Eine Überraschung bedeutet der Fund eines der Drucke zur Goldenen Hochzeit des Ehepaares Joachim und Catharina Tielke, der von Ulf Grapenthin unlängst entdeckt wurde.

Drei Beiträge aus einer dem erstgenannten der beiden Verfasser dieses Bandes gewidmeten Festschrift bilden eine beträchtliche Erweiterung des Kenntnisstands zu ausgewählten Aspekten der Arbeit Tielkes. Dank des Entgegenkommens von Verlag und Autoren können diese Beiträge mit kleinen Ergänzungen hierher übernommen werden. Für die Möglichkeit des erneuten Abdrucks sei der Leiterin des Verlages des Germanischen Nationalmuseums Nürnberg, Christine Kupper, und allen Autoren herzlich gedankt: Micha Beuting und Peter Klein geben detaillierte Auskunft über die dendrochronologische Datierung von 15 Instrumenten Joachim Tielkes; Sebastian Kirsch beschreibt seine Überlegungen zur Konstruktion eines gewölbten Bodens einer Gitarre Tielkes sowie die Arbeiten zur Herstellung der Kopie; Andreas Michel schließlich zeigt die Wirkung des Schaffens Tielkes anhand der »Tielke-Modelle«, die durch einige Instrumentenmacher in Markneukirchen dem Namen Joachim Tielkes zusätzliche Bekanntheit brachten.

Ein herzlicher Dank gebührt Klaus Martius vom Germanischen Nationalmuseum Nürnberg, der nicht müde wurde, mit Hinweisen, Auskünften und Beschaffung von Information zu helfen.

Unser Dank geht an verschiedene Eigentümer von Instrumenten Tielkes, die uns veränderte Besitzverhältnisse mitgeteilt haben; diese zeigen wir weiter unten an.

Markus Zepf übernahm das Korrekturlesen des fertigen Layouts, unmittelbar bevor es dem Verleger übermittelt wurde. Wir danken ihm herzlich.

Es ist uns eine Freude, die bewährte Zusammenarbeit mit dem Deutschen Kunstverlag fortsetzen zu können, wofür wir insbesondere Rudolf Winterstein sehr herzlich danken. Edgar Endl danken wir für die Gestaltung des Einbandes auch dieser Veröffentlichung.

Friedemann und Barbara Hellwig
September 2019

NB: Nummern im Werkverzeichnis (TieWV) und Abkürzungen werden wie in unserer Publikation von 2011 verwendet (siehe dort S. 100, 104–106). Ebenso werden alle Maße grundsätzlich in cm angegeben; kommt in Ausnahmefällen eine andere Maßeinheit zur Anwendung, wird diese genannt.

Neu aufgefundene Instrumente

Es ist das Schicksal jeden Bemühens, eine vollständige Liste erhaltener Werke eines Instrumentenmachers zu erstellen, dass alsbald nach deren Veröffentlichung weitere Instrumente auftauchen. Angeregt durch die Veröffentlichung werden Arbeiten, die bisher außerhalb des Interesses lagen, einer Prüfung unterzogen und in einzelnen Fällen für echt erklärt, um damit einen Platz im Werkverzeichnis zu beanspruchen. Auf diese Weise sind fünf bisher nicht mit Tielke verbundene Instrumente gefunden worden: zwei Lauten, eine Angélique, eine Pochette und ein Baryton; eine Viola da gamba ist nicht darunter. Es sind sämtlich Instrumentenarten, die musikalisch gesehen seit langem wenig Interesse auf sich lenken konnten – kein Wunder also, dass sie der Aufmerksamkeit entgingen. Eines der Instrumente ragt allerdings heraus, sowohl vom Dekor her wie auch der Geschichte seiner Entstehung und seiner Erhaltung: Es ist die Pochette von 1679, die nicht wie die übrigen Pochetten in Paris eingekauft und dann von Tielke mit seinem Zettel versehen wurde, sondern eine genuine Arbeit seiner Hamburger Werkstatt darstellt. – Alle diese Instrumente sind nicht von uns entdeckt worden, sondern wir wurden auf sie hingewiesen als vermutlich authentische Arbeiten Tielkes. Unser Dank geht an die betreffenden Kolleginnen und Kollegen, deren Namen jeweils bei den einzelnen Instrumente genannt werden.

Drei der fünf neuen Instrumente sind mit Tielkes Zettel versehen und auch datiert; die beiden anderen, die Laute und das Baryton, werden auf der Grundlage von stilistischen Merkmalen und der Materialauswahl der Werkstatt Tielkes zugeschrieben. Die Decke des Baryton konnte darüber hinaus auch zeitlich durch eine dendrochronologische Analyse bestimmt werden.

Da das von uns erstellte Verzeichnis der Arbeiten Tielkes eine geschlossene Nummernfolge in chronologischer Ordnung besitzt, haben wir uns entschlossen, auch die neu aufzunehmenden Instrumente chronologisch einzuordnen und ihnen jeweils eine mit »a« (wenn nötig auch weiteren Buchstaben) ergänzte Nummer eines Instruments zuzuordnen, die ihm zeitlich am nächsten steht. Ein Beispiel: Die neue Pochette von 1679 trägt die gleiche Jahreszahl wie die Gitarre im Museum von Washington mit der Nummer TieWV 20; da wir Streichinstrumente hinter den Zupfinstrumenten angeordnet haben, bekommt die Pochette die Nummer hinter der Gitarre zugewiesen, also TieWV 20a.

Ein Verzeichnis am Ende des Bandes (S. 73–79) bietet einen vollständigen Überblick über alle bekannten Arbeiten Tielkes.

Instrumente der Lautenfamilie

TieWV 101a – Angélique, 1698
London, Privatsammlung

Signatur: gedruckter Zettel, kleines Format: »JOACHIM TIELKE || in Hamburg, An. 16[hs.]98«.

Decke: Fichte. – Zweiteilig. Rand mit schmaler Elfenbeinkante. An der Diskantseite Karniesleiste aus Elfenbein zwischen Hals und Kappe, mit sieben Stiften befestigt. Rosette in der Art eines Hexagramms (vgl. Abb. 31 in FBH 2011). – Die Innenseite der Decke besitzt sechs Balken sowie zwei fächerartig angeordnete kleine Leisten unterhalb des Steges; ob eine weitere auf der Bassseite original ist, bleibt zweifelhaft.

Rücken: neun Späne aus Ahorn. Kappe einspänig. Oben und in der Kappe gedrechselte Elfenbeinknöpfchen. Innen Papier(?) streifen über den Fugen.

Hals/Kragen: Hals mit Marketerie aus Elfenbein in Schildpatt: Rundblättchenranke (Ranke Typ F, vgl. Abb. 85 in FBH 2011),

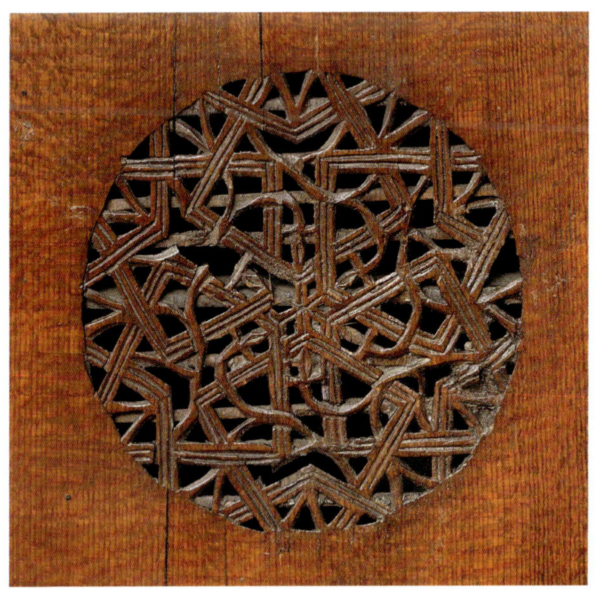

Abb. 1 Angélique TieWV 101a: Rosette

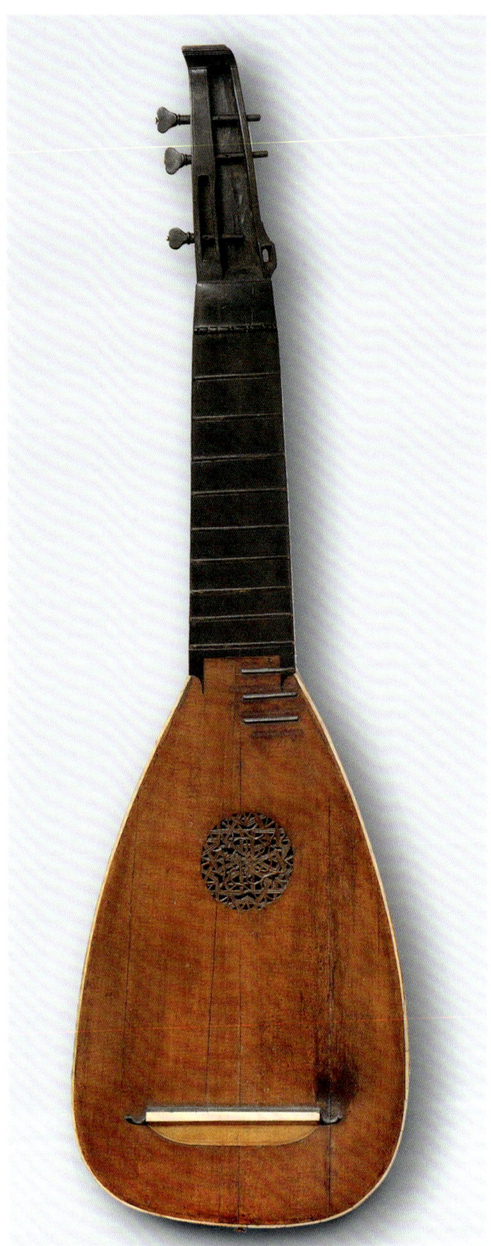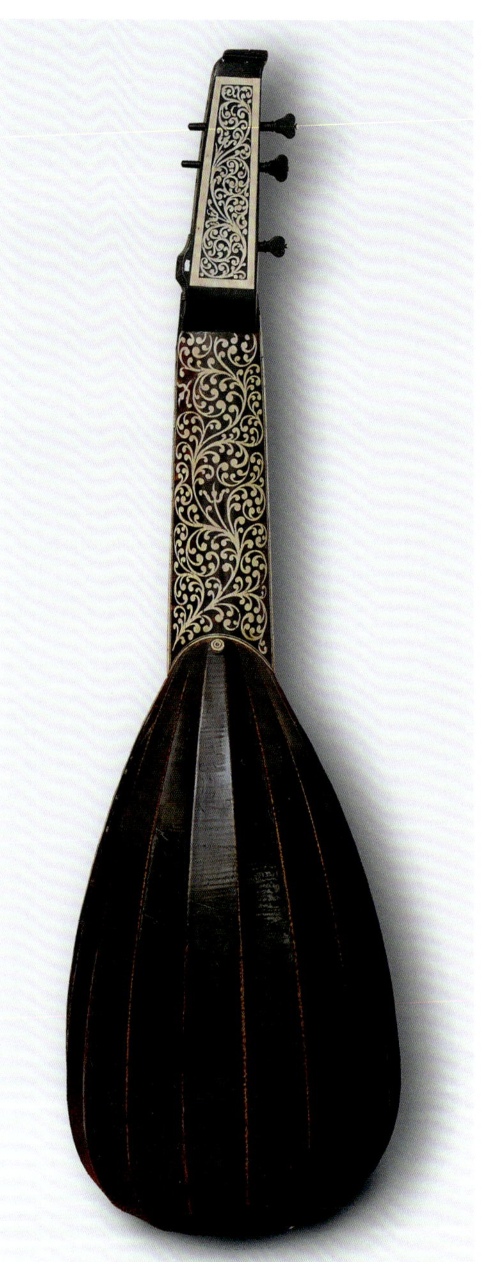

Abb. 2a, b Angélique
TiewV 101a

umrandet von schmalen Streifen aus Elfenbein/Schildpatt/Elfenbein, letzterer breiter entlang der Griffbrettkante. – Unterer Kragen genau wie bei Angélique TieWV 139, lediglich zusätzliche Blindlinien. Rückseite: gesägte Elfenbeinplatte mit Ranke Typ F (vgl. Abb. 85 in FBH 2011); eingelassen und geleimt in die dafür vertiefte Rückwand. – Oberer Kragen und die geschwungene Verbindung nicht erhalten.

Griffbrett: Ebenholz mit Spitzen aus dem gleichen Material. Oben später verkürzt und oberhalb des neuen, zum Steg hin ersetzten Obersattels ergänzt. N.o. Bünde aus Holz(?) eingelassen, drei weitere auf die Decke geleimt (dort ursprünglich wohl vier Bünde).

Besaitung/Steg: 6 × 1 / 10 × 1 Saiten. Ursprünglicher Steg erhalten: Ahorn mit Abdeckung aus Elfenbein; die Bärte fehlen (Steg mit n.o. Pergamentstreifen gesichert). Im Steg nachträglich angebrachte, zusätzliche Saitenlöcher für doppelchörige Besaitung des unteren Kragens. – Drei Wirbel aus Ebenholz mit Elfenbeinknöpfchen erhalten.

Lackierung des Rückens: kräftig dunkelrotbraun.

Maße: Gesamt-L: jetzt 93; Decken-L: 44,1; Decken-B: 28,8; Rosetten-Dm: 7,9; Abstand Rosettenmitte vom unteren Deckenrand: 29,2; Decken-M: 35,0; Hals-M: 30,5; Kragen-B: max. 6,6; Griffbrett-B oben/unten: ursprünglich ca. 6,5/9,0; Halsstärken oben/unten: 1,8/3,1; Saiten-L: (oberer Kragen fehlt)/65,5; ur-

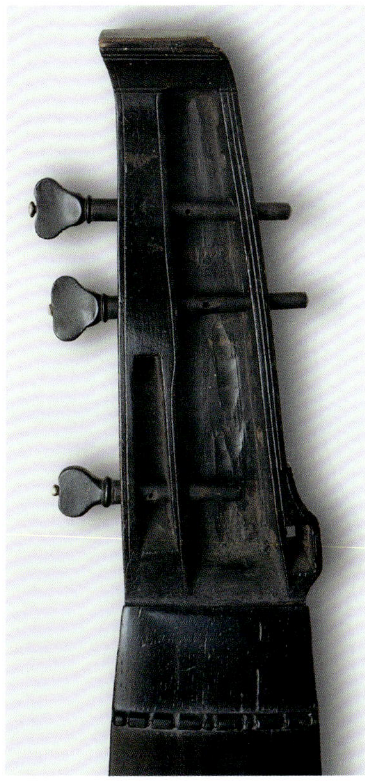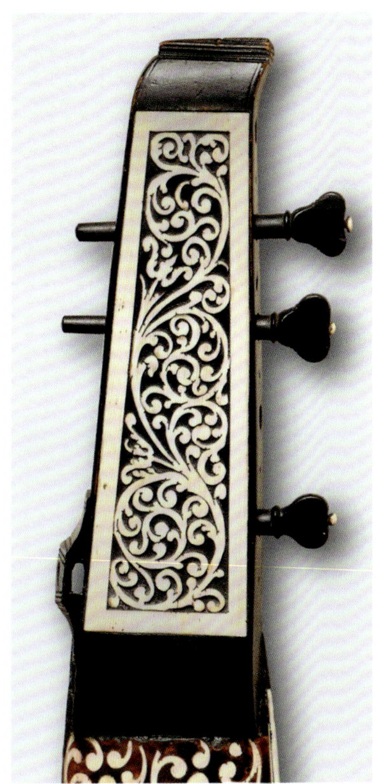

Abb. 3a, b Angélique TieWV 101a:
Unterer Kragen

sprüngliche Saiten-W am Steg: 13,3 (für die gesamte Besaitung).
Vorbesitzer: 2011 versteigert in einer Auktion in Warwick, Großbritannien. – Dort durch einen Antiquitätenhändler aus demselben Ort erworben und 2012 an Reuben E. Reubens, Bromley/Kent, verkauft. Dieser bot das Instrument bei Brompton's in London in der Versteigerung vom 28.10.2013, lot 284, an, es wurde aber nicht verkauft. – 2015 an den gegenwärtigen Eigentümer veräußert.
Literatur: WESTBROOK 2010. – TAKEUCHI 2018.

Diese ist nunmehr die fünfte Angélique unter den Arbeiten Tielkes. Bis auf den fehlenden oberen Kragen ist es ein erstaunlich gut erhaltenes Instrument. Es war offensichtlich für einen weniger begüterten Spieler bestimmt, wie das vergleichsweise schlichte Ornament des Halses und das nicht marketierte Griffbrett vermuten lassen. – Merkwürdig ist der asymmetrische Umriss des Korpus an seiner Bassseite, besonders in der unteren Hälfte.

TieWV 131a – Laute, nach 1702
Willisau, Schweiz, Musikinstrumentensammlung
Inv.-Nr. 28

Signaturen: hs. Zettel: »Magnus Dieffenbrugger 1612«. – Gedruckter Zettel (weißes Papier) über den linken Teil des nachstehenden geklebt: »Paulus Alletsee,«. – Hs. Zettel: »Renovit 1716«.

Decke: Fichte. – Am oberen Ende Spitzen aus Ebenholz von einem breiten, nicht mehr erhaltenen Hals. – Schöne Rosette in Flechtmuster; nicht aus dem Holz der Decke geschnitten und um 1° oder 2° im Uhrzeigersinn gedreht eingesetzt (original?). – Die Bebalkung folgt dem gängigen barocken Schema: Ein Balken sitzt an der Mitte der Rosette, zwei Balken befinden sich oberhalb und drei unterhalb von ihr; die Rosette wird durch zwei kleine Leistchen oberhalb und unterhalb des zentralen Balkens gestützt. Im unteren Teil der Decke finden sich insgesamt vier fächerförmig angeordnete Leistchen, die beiden mittleren werden (ganz ungewöhnlich) durch eine gebogene Leiste miteinander verbunden; ob dies original ist, ist aus der Röntgenaufnahme nicht ersichtlich.
Rücken: im Wechsel fünf Späne aus Palisander und vier aus farblich leicht unterschiedlichem Holz (auch Palisander?); dazwischen Elfenbeinadern. Außen herum Karniesleiste aus Ebenholz, eine offensichtlich spätere Ergänzung. – Einspänige Kappe aus Palisander mit gedrechseltem Elfenbeinknöpfchen. – Auch am oberen Ende des Rückens ein gedrechseltes Elfenbeinknöpfchen.
Hals/Kragen: Hals vermutlich original, aber verschmälert, der originale Nagel zu dessen Befestigung noch vorhanden. Kragen aus einem späteren Zustand.
Besaitung/Steg: jetzt 5 × 2 + 1 Saiten. – Ein Streifen schwarz gebeizten Holzes mit einer Abdeckung aus Palisander(?) und

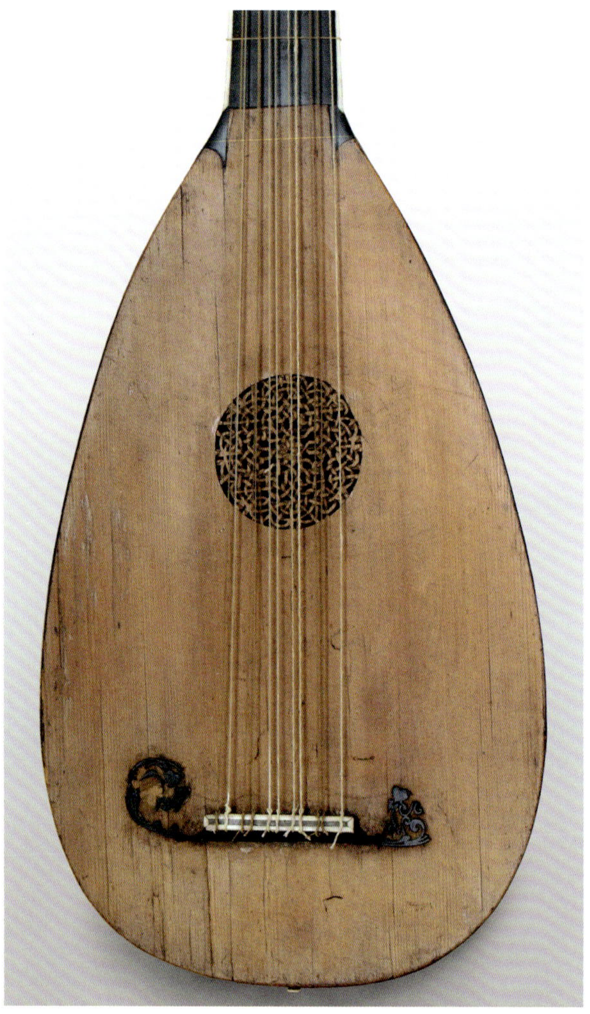

Abb. 4 Laute TieWV 131a: Vorderansicht

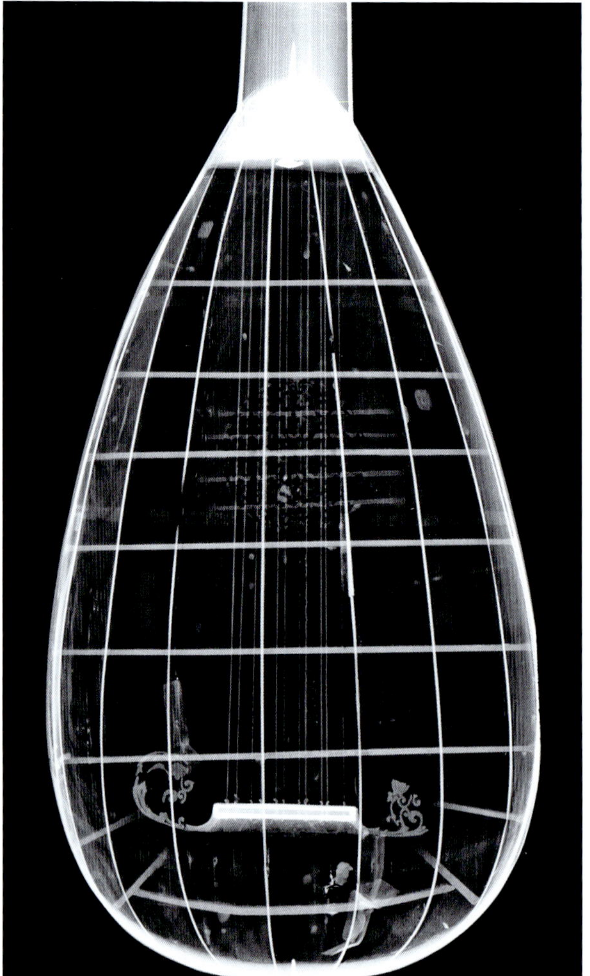

Abb. 5 Dasselbe Instrument im Röntgenbild

einem gleich breiten Rahmen aus Knochen. Die schönen Moustaches im Stil des späten 18. Jahrhunderts.

Maße: Korpus-L: 48,8; Decken-L: 51,0; Korpus-B: 30,7; Korpus-T: 16,5; Rosetten-Dm: 8,9; Abstand Rosenmitte vom unteren Rand: 30,7; B alter Halsansatz: 9,3; Saiten-L jetzt: 72,7; Saiten-W am Steg: 7,4.

Vorbesitzer: Sammlung Heinrich (Henry) Schumacher, Luzern. – Seit 1943 im Richard-Wagner-Museum Tribschen/Luzern als Teil der städtischen Musikinstrumentensammlung. 2010 mit dem gesamten Bestand der Sammlung Schumacher in die Musikinstrumentensammlung Willisau, Kanton Luzern, übertragen.

Literatur: SCHUMACHER, Hs. KAT., NR. 82, S. 115. Fundortkat. Nr. 82, S. 9. – VANNES 1956, Nr. 1, S. 5. – POHLMANN 1982, S. 341. – TOFFOLO 1987, S. 95. – LUZERN KAT. 2001, NR. 28, S. 154–157.

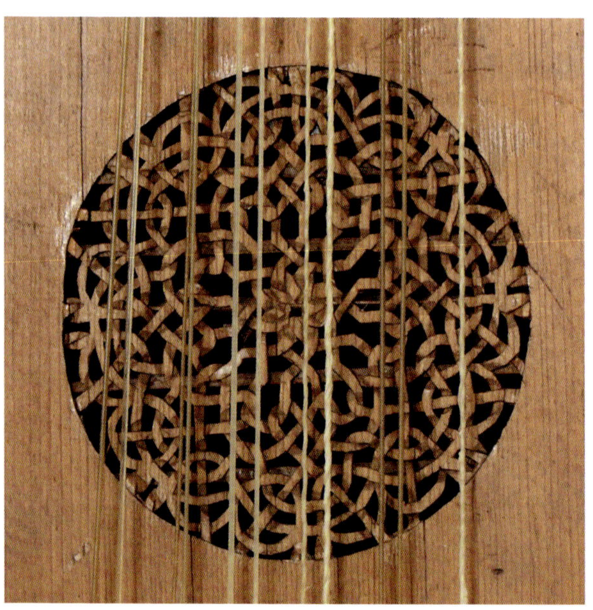

Abb. 6 Laute TieWV 131a: Rosette

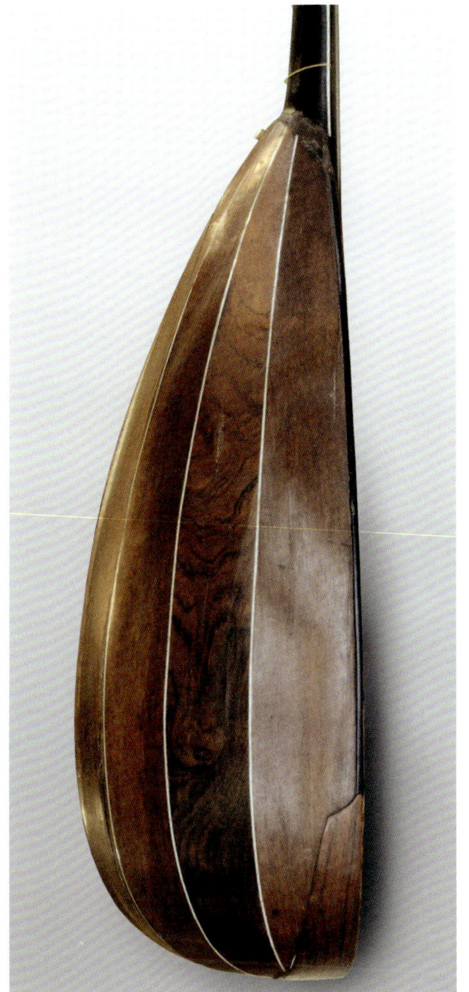
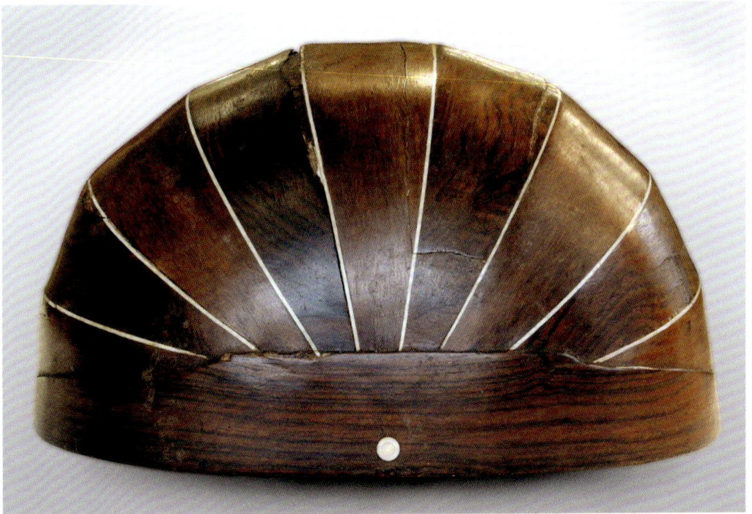

Abb. 7a, b Laute TieWV 131a: Rücken in Seiten- und Untersicht

Die Zuschreibung an die Werkstatt Joachim Tielkes erfolgt aufgrund des Umrisses, des Ornaments und der Größe der Rosette,
der Zahl und der Materialien der Späne des Rückens sowie der
Form der Kappe. Die gegenwärtige Saitendisposition und die
Gestaltung des Kragens zeigen den Zustand einer Mandora des
18. Jahrhunderts. Ob dies wirklich auf Paulus Alletsee zurückgeht, muss wegen des zweifelhaften Zettels offen bleiben. Wel-
cher Art das Instrument aber ursprünglich war, ist heute nicht
mehr genau festzustellen; die Breite des ehemaligen Halses
spricht aber eher für eine Angélique als für eine Laute.

 Andreas Schlegel und Bob van de Kerckhove sei gedankt für
den Hinweis auf dieses Instrument und die hier gezeigten Fotos;
Schlegel und van de Kerckhove haben erstmalig die Autorschaft
der Werkstatt Tielke vermutet.

TieWV 132a – Rücken einer Laute, 1703
Berlin, Musikinstrumenten-Museum
Inv.-Nr. 4492

Der Rücken ist das älteste erhaltene Teil des Instruments, alle
anderen sind Ergänzungen aus alter und neuer Zeit.

Signaturen: 1. Gedruckter Zettel, kleines Format: »IOACHIM
TIELKE ‖ in Hamburg, An. 16[hs., dabei die 6 mit der 7 über-
schrieben] 703«. Dieser Zettel ist – neben dem anschließend genannten Zettel – auf einem Foto abgebildet, das kurz nach dem
Erwerb des Instruments im Jahr 1957 angefertigt wurde; er ist
jetzt nicht auffindbar und auch in keiner schriftlichen Dokumentation erwähnt. – 2. Gedruckter Zettel: »Antonius Bachmann ‖ Königl:Preus:Hofinstrumentenmacher ‖ in Berlin
1[von den hs. Ziffern nur die nächste lesbar:]7[weitere Ziffern
laut Dokumentation 1957:]76«; gedruckt in einer Kursive und
umrahmt durch Blattranken.

Decke: eine Arbeit Bachmanns?

Rücken: neun Späne aus Ahorn, Kappe einspänig. Die Späne
des Korpus sehr hoch gezogen, vermutlich durch die Beklebung

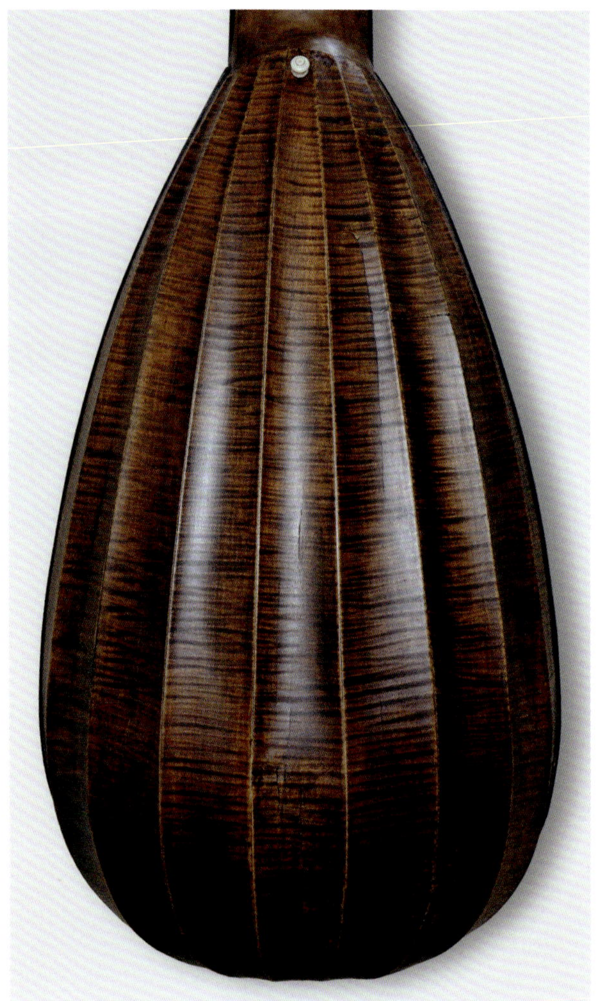
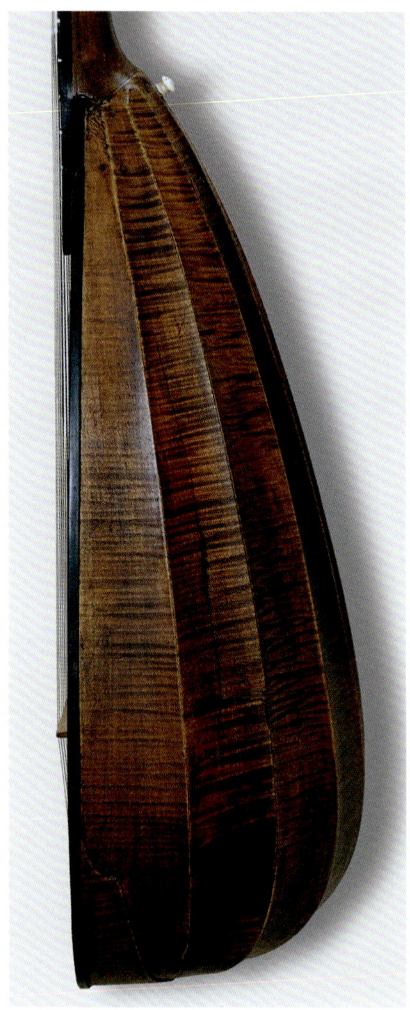

Abb. 8a, b
Laute TieWV 132a:
Rücken

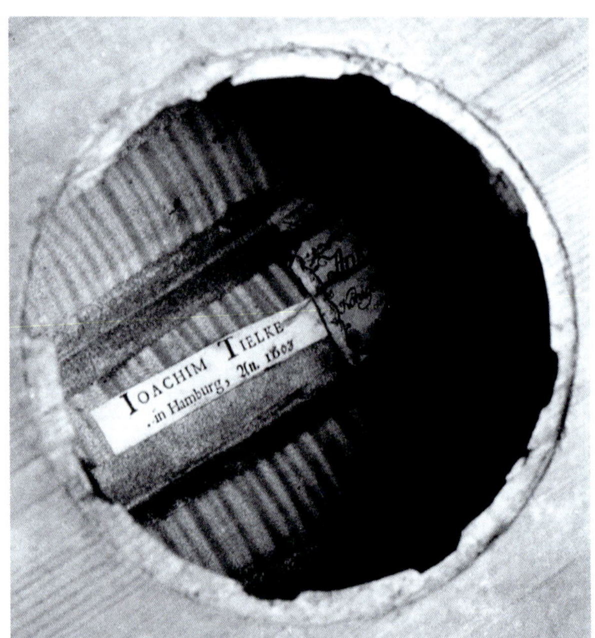

Abb. 9 Laute TieWV 132a: Zettel Joachim Tielkes (Foto um 1957)

der Fugen mit Streifen aus Pergament. Außen herum eine Karniesleiste aus Ebenholz.

Hals/Kragen: Hals möglicherweise von Bachmann; der Kragen in der Art von Mandoren nach dem Vorbild des erhaltenen »in schönerer Form« erneuert und auf den älteren Hals aufgeschäftet durch Olga Adelmann 1957.

Maße: Korpus-L: 49,5; Korpus-B: 30,3; größte H der Kappe: 5,0; Hals-B unten: früher 9,0.

Vorbesitzer: Gertrud Naumann, Berlin; von ihr 1957 als Geschenk erhalten.

Der Rücken ist als eine Arbeit aus der Werkstatt Joachim Tielkes anzusehen; dafür sprechen Material, Umriss und Querschnitt des Rückens sowie die Form der Kappe.

Offensichtlich hat Anton Bachmann 1776(?) aus der ehemaligen Laute eine Theorbe/Schwanenhalslaute oder eine Mandora gemacht, an der später weitere Veränderungen vorgenommen wurden.

Dank an Heidi von Rüden, Musikinstrumenten-Museum Berlin, die uns auf dieses Instrument aufmerksam machte.

Streichinstrumente

TieWV 20a – Pochette, 1679
Hamburg, Museum für Kunst und Gewerbe
**   Inv.-Nr. 2013.86**
Signatur: gedruckter Zettel, kleines Format: »IOACHIM TIELKE || in Hamburg, An. 16[hs.]79«.
Das Instrument ist aus folgenden Teilen zusammengesetzt: Decke, Korpus mit Hals, Wirbelkasten mit Kopf, Griffbrett.
Decke: Zypresse. – Wölbung relativ hoch (ca. 12 mm). Erhabener Rand Typ 1a (vgl. FBH 2011, Abb. 30) aus Elfenbein und Ebenholz, zusätzlich schmaler Elfenbeinspan. Langgestreckte Schalllöcher in C-Form sowie kleine herzförmige Öffnung unterhalb des Griffbretts.
Korpus: Marketerie aus Schildpatt in Elfenbein, mit Knochenleim(?) auf dünnem Furnier aus Ahornholz(?). – Bootsform, im Querschnitt annähernd halbrund, bis an den Wirbelkasten reichend. Unterhalb des Deckenrandes ca. 2,5 mm breiter Elfenbeinstreifen über die ganze Länge des Korpus. Am unteren Ende flacher Abschluss mit kleiner Elfenbeinplatte, darin gedrechseltes Knöpfchen aus dem gleichen Material. – Marketerie in einem einzigen Stück gearbeitet: von unten aufsteigende Ranke mit acht großen Blüten, deren Mitten mit jeweils einem Similistein, umgeben von kleinem Blütenkranz aus Elfenbein; im unteren Teil kleine Verzweigungen mit weiteren kleinen Blüten und wenigen Blättchen. Im Schildpatt kurze Striche wie in Ranke Typ B (vgl. FBH 2011, Abb. 37b).
Wirbelkasten/Kopf: Elfeinbein. – Die Fortsetzung (zum Korpus hin) bildet den »Oberklotz« und reicht einige Zentimeter unter das Griffbrett. – Wirbelkasten rückseitig mit doppelter Hohlkehle. – Frauenkopf mit gescheitelter Frisur, umlaufendem Haarkranz und wenigen Locken seitlich darunter; rückseitig kleiner Haarknoten und kurzes, nach hinten herabfallendes Tuch.
Griffbrett: Nadelholz, oben und seitlich mit Elfenbein belegt. – Oberseite mit Marketerie aus Schildpatt in Elfenbein ähnlich dem Korpus: Blütenranke aus der oberen Hälfte emporsteigend und nach unten herabfallend (dieser untere Teil eigentlich zum unteren Ende des Griffbretts emporsteigend); in den zwei unteren Blüten je ein Similistein, in der oberen schlichte Raute aus Schildpatt(?).
Monturteile: Wirbel und Obersattel (aus Knochen), Steg und Saitenhalter (aus Elfenbein) kürzlich ergänzt.
Besaitung: 4 Saiten. – Wirbellöcher in heutiger Anordnung.
Maße: Gesamt-L: 40,0 (ohne Elfenbeinknopf unten); max. Korpus-B: 4,2; Korpus-T (inkl. Decke): ca. 2,6; L Schalllöcher: 4,1; Decken-M: 15,0; Halsstärke oben (inkl. Griffbrett): 1,8; L Wirbelkasten/Kopf: 6; Griffbrett-L: 13,5, B oben/unten: 2,35/3,05; Saiten-L: 23,1 bis zu den Kerben der Schalllöcher, ca. 26 bis zu einer Stegposition unterhalb der Schalllöcher (entsprechend Abbildungen in der Ikonographie).

Vorbesitzer: Durch Helene Bruckner zu Beginn des 2. Weltkriegs von Polen nach Australien gebracht, später durch Heirat in die USA gelangt. – Durch ihre damals zehnjährige Tochter Ellen Bruckner (später Royak) vor der Verschleuderung bewahrt. – Von ihr 2011 Reverend Richard L. Swank, Edmonds WA, USA, zu seinem 90. Geburtstag geschenkt. – Von diesem 2013 durch das Museum erworben.
Literatur: FH 2009A. – FBH 2011, S. 220–225. – RAUBKUNST 2014, S. 70–73. – FH 2015.

Bis auf die Schäden am Schallloch der Diskantseite und die fehlenden Monturteile gut erhalten.

Bisher waren nur Pochetten Joachim Tielkes bekannt, die in Paris verfertigt und von Tielke weiterverkauft worden waren, nachdem er seinen eigenen Zettel hineingeklebt hatte. Es handelt sich dabei um TieWV 5 aus dem Jahr 1671, heute im National Music Museum, Vermillion SD, USA, und um TieWV 103 von 1699 im Jihočeské muzeum v Českých Budějovicích (Südböhmisches Museum in Budweis, Tschechien); ein weiteres Instrument, TieWV 3, angeblich von 1670, früher in der Sammlung Alphonse van Neste, Brüssel, ist nicht auffindbar.

Die wichtigsten Merkmale dieser Instrumente – Ebenholz als Material für Korpus, Hals, Wirbelkasten und Kopf sowie die miteinander verdrehten doppelten Silberdrähte als Material der Einlagen – finden sich bei mehreren Meistern in Paris. Sie scheinen geradezu ein Herkunftsnachweis zu sein, es gibt sie aber sonst in keinem der Instrumente Tielkes. Die Herstellung der beiden erstgenannten Stücke erfolgte, bei TieWV 103 mit Sicherheit, bei TieWV 5 mit einiger Wahrscheinlichkeit, in der Werkstatt von Jacques Regnault (Regnaut).

Die neu aufgefundene Pochette von 1679 zeigt, dass die in FH 2009a erhobene Behauptung, sämtliche von Tielke signierten Instrumente dieses Typs seien ausschließlich in Paris verfertigt, nicht aufrecht zu halten ist, handelt es sich doch bei diesem Instrument um eines, das alle charakteristischen Merkmale der Arbeiten Tielkes aus dieser Zeit aufweist: Die Marketerie des Korpus aus Schildpatt in Elfenbein und in gleicher

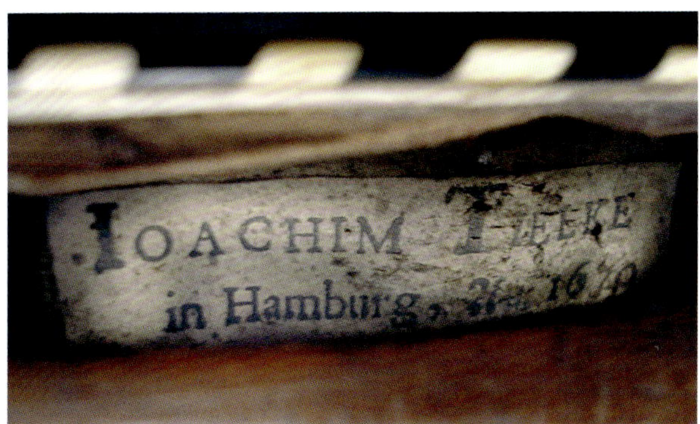

Abb. 10 Pochette TieWV 20a: Zettel

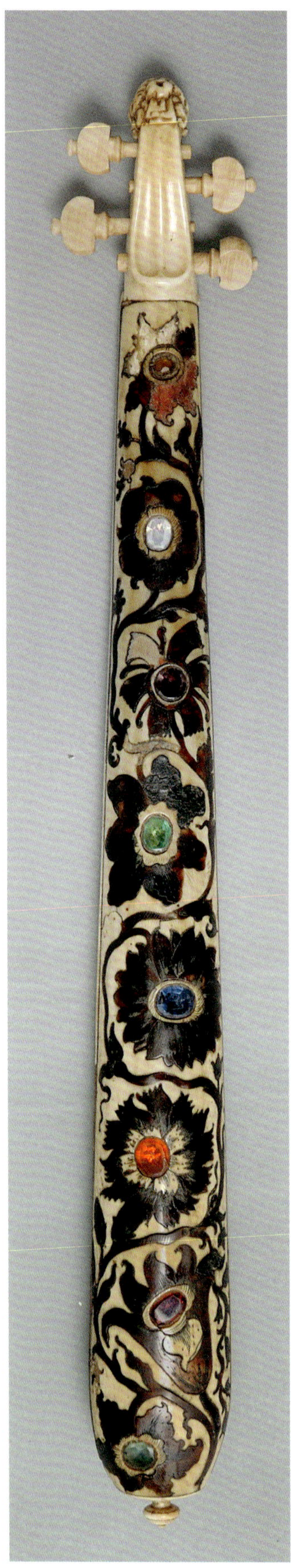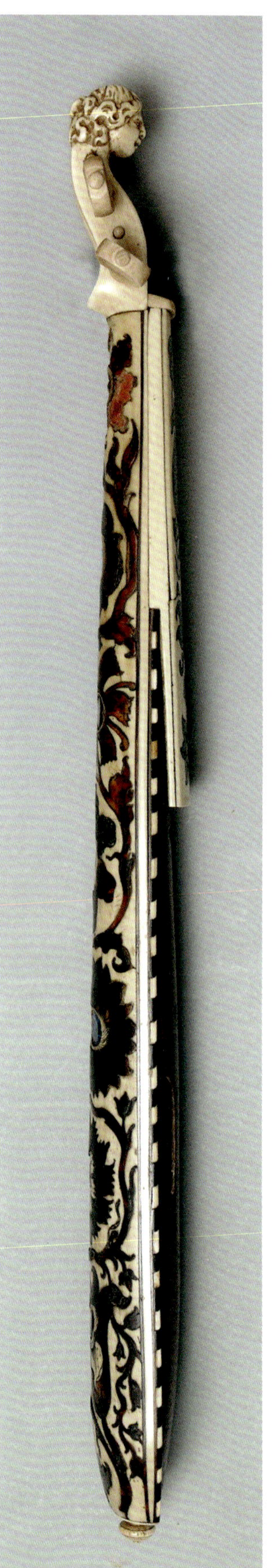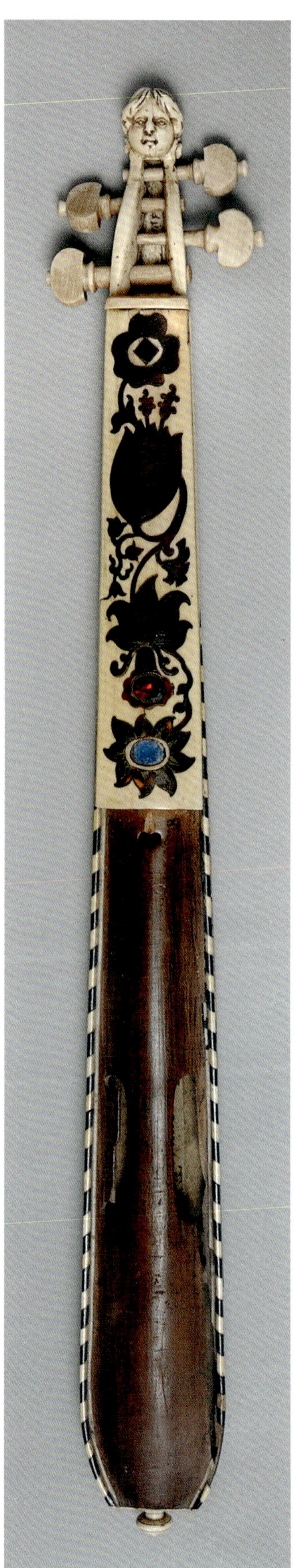

Abb. 11a–c
Pochette
TieWV 20a

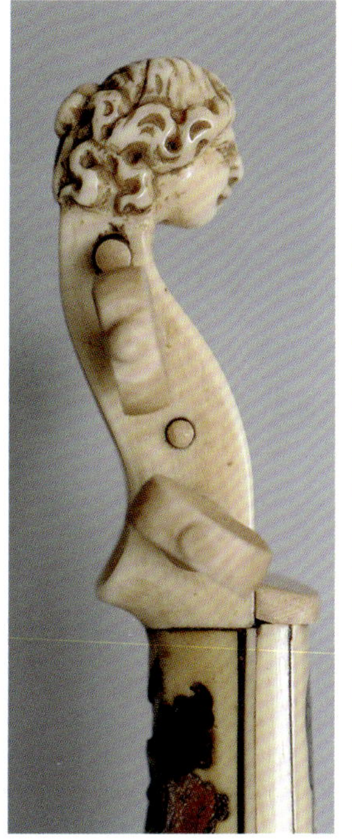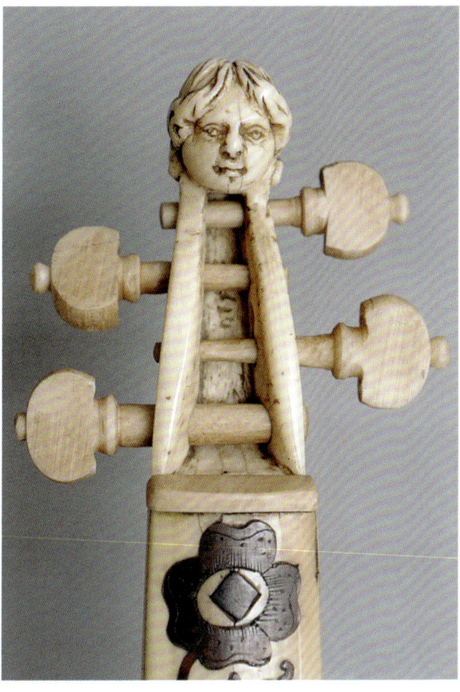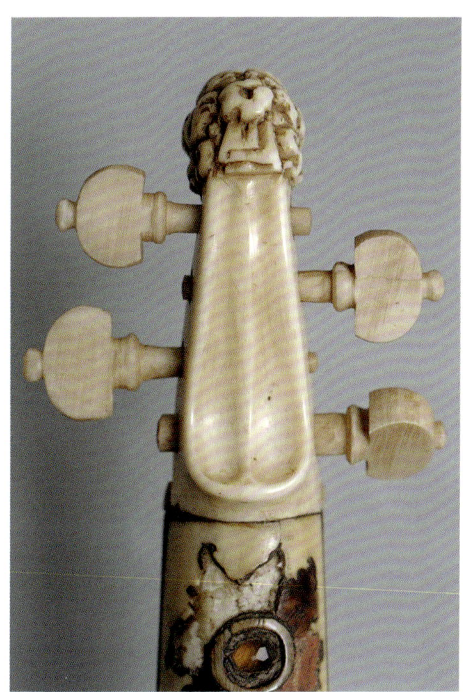

Abb. 12a–c Pochette TieWV 20a: Kopf mit ergänzten Wirbeln

Weise die des Griffbretts zeigen die Ranke mit Stilmerkmalen, wie sie für die frühen Arbeiten Tielkes typisch sind; dazu gehören auch die feinen Striche zur Belebung der Flächen des Schildpatts (vgl. u.a. die Marketerien des Halses der Laute/Theorbe TieWV 15, der Gitarre TieWV 19 sowie des Hamburger Cithrinchens TieWV 21). Weiterhin zeigt – als zweites Merkmal – der Dekor mit Similistelnen beste Übereinstimmung mit dem Zierrat der Gitarren TieWV 19 und 20 von 1679 (also dem Jahr der Verfertigung auch der neu aufgefundenen Pochette) und dem des Hamburger Cithrinchens TieWV 21 aus der Zeit um 1680. Und schließlich trägt dieses prachtvolle kleine Instrument im Inneren einen authentischen Zettel Joachim Tielkes.

TieWV 37a – Baryton, um 1685
München, Münchner Stadtmuseum
Inv.-Nr. 44-87

Signatur: keine, kein Reparaturvermerk.

Decke: Fichte (?), dreiteilig. Doppelte Randeinlage; unten, wo der Umriss eingezogen ist, kleines Rautenornament von der inneren Einlage ausgehend. Schallloch in Flammenform. – Deckenholz oben angesetzt zur Verlängerung des Umrisses und zur Verschmälerung, um seinen Violoncellohals besser einsetzen zu können. In die Decke ein ca. 7,5 cm breiter Mittelspan eingesetzt, vermutlich in Zusammenhang mit der Verschmälerung des Korpus. – Unten neuer Untersattel.

Zargen: Ahorn. – Ganz oben verlängert um einen zusätzlichen geschwungenen Teil für einen übergroßen Oberklotz, in den der Hals eingesetzt ist. Der oberste originale Teil zum Boden hin keilförmig angesetzt, um durch eine größere Zargenhöhe dem Hals am Oberklotz eine bessere Auflage zu geben. Am unteren Ende drei Ebenholzspäne über die gesamte Zargenhöhe und zur Decke hin ein großes Stück Ahorn eingesetzt, möglicherweise um Spuren einer älteren Anhängung der Saiten zu verdecken. Oberklotz neu, ebenso ist der breite Unterklotz neu. Schmale Eckklötze aus Nadelholz, wohl original. Reifchen zur Decke hin teilweise alt?

Boden: Ahorn, jetzt zweiteilig (ursprünglich wohl einteilig; die Mittelfuge vermutlich erst angelegt bei der Verschmälerung des Korpus). – Flach, oben abgeknickt; in die Mittelfuge zwischen unterem Bodenrand und Knick ein ca. 3 mm breiter, dunkler Span eingesetzt (vermutlich im Zusammenhang mit der Verschmälerung des Korpus, s.u.). Keine Randeinlage. Oberhalb des Knicks Flachschnitzerei mit Darstellung der Amphitrite auf punziertem Grund (in Originalgröße der Vorlage bei Cornelis Danckerts' Nouveau Livre); Ornament vermutlich aufgeleimt. Darüber Flachschnitzerei mit einem Tritonen, ein Horn blasend (diese Darstellung nicht bei Danckerts; größte B zwischen erhobenem Arm und Horn 3,6); der Grund ebenfalls punziert, aber deutlich gröber als bei Amphitrite darunter; Ornament vermutlich aufgeleimt. Breiter Stimmbalken. Im Zuge der Veränderung des Instruments zahlreiche breite Beläge quer zur Mittelfuge, Balken im unteren und oberen Teil angebracht. Der oberste neue Teil des Bodens ist auf der Innenseite dick mit Nadelholz belegt (Faserrichtung parallel zur Mittelfuge).

Wirbelkasten/Kopf: Hals in der Art eines Violoncellohalses n. o. – Wirbelkasten mit drei(!) Wänden und hinten einer durch-

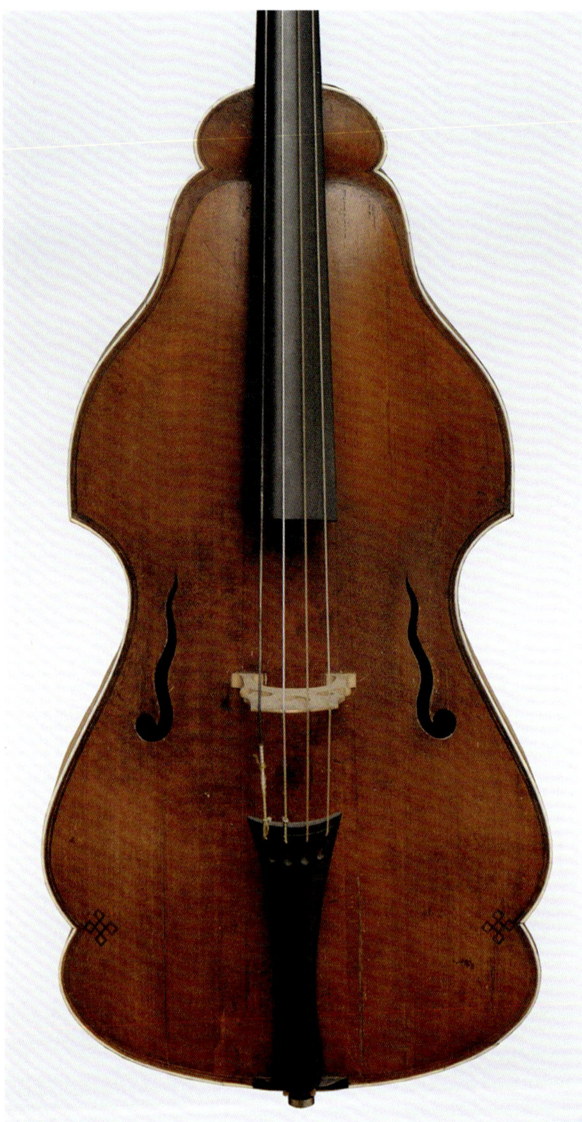 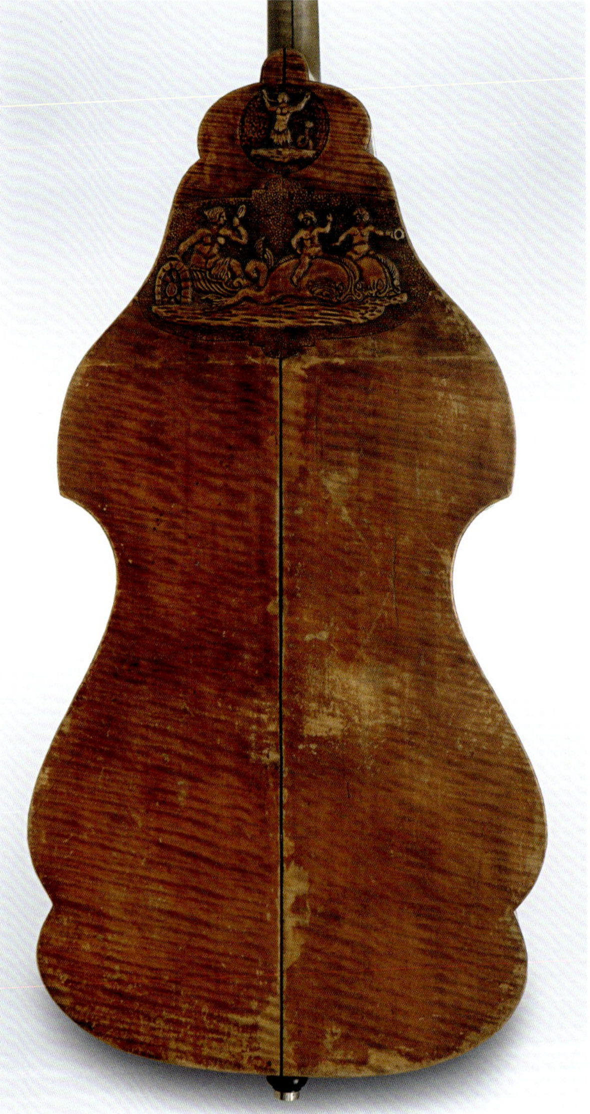

Abb. 13a, b Baryton TieWV 37a

gehenden Platte. Die Wände mit jeweils beidseitig einer Blind-
linie, dazwischen einer einfachen Stichreihe, die Seitenflächen
der beiden äußeren Wände belegt mit einer nach oben aufstei-
genden Blattranke. Die Rückseite mit der Darstellung der Venus
(in Originalgröße der Vorlage bei Cornelis Danckerts) auf
punziertem Grund. Oben ein vierfacher Mohrenkopf aus ge-
schwärztem Ahorn; vermutlich zwischen die äußeren Wände
(Wangen) des Wirbelkastens eingesetzt sowie seitlich auf diese
aufgesetzt und dann beschnitzt (vgl. insbesondere TieWV 37).
Die Augen jeweils aus kleinen Perlen mit schwarz gemalter Pu-
pille, auch die Halskette mit eingesetzten Perlen.
Besaitung: Sie lässt sich nur mühsam anhand der zugedübelten
Wirbellöcher in den drei Wänden des Wirbelkastens bestimmen; die Bestimmung der Saitenzahl wird behindert durch die
Verkürzung des Wirbelkastens um ca. 3 cm am unteren Ende
und durch den Anschäfter. Die Zahl der Aliquotsaiten muss auf
jeden Fall gering gewesen sein.
Maße: Boden B oben/Mitte/unten/ganz unten: 32,6/24,2/37,5/
35,5; Zargen H oben/unten: 9/11,3, Wirbelkasten B vorn oben:
>6, hinten unten: 9,3.
Vorbesitzer: Ankauf 1944 aus dem Münchner Kunsthandel.
Literatur: MÜNCHEN BNM KAT. 1951, Kat.-Nr. 157 (damals hatte
das Instrument anscheinend noch einen Zettel von Nicola
Amati). – Weitere Literatur zum Baryton bei FBH 2011.
Technologische Dokumentation: Die dendrochronologische
Datierung der Decke durch Dr. Micha Beuting vom 27.10.2014
ergab für den jüngsten Jahresring auf der Bassseite das Jahr
1650, auf der Diskantseite 1606; der Mittelstreifen konnte wegen

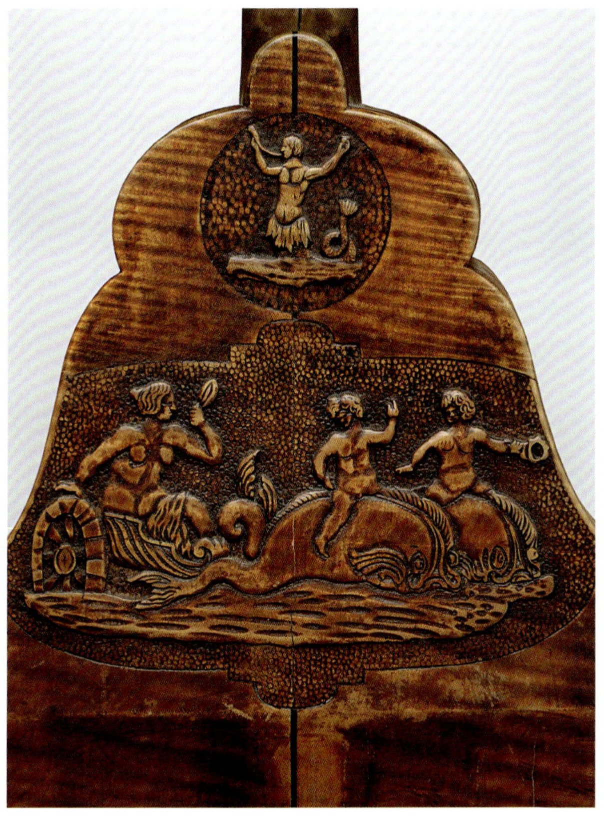

Abb. 14 Baryton TieWV 37a: Boden oben

der zu geringen Anzahl von Jahresringen nicht datiert werden (siehe dazu auch S. 35).

Dieses Instrument ist ungeachtet aller späteren Veränderungen zweifelsohne eine Arbeit aus der Werkstatt Tielke und keine Kopie einer solchen! Dafür sprechen zahlreiche Einzelheiten, die sich aus dem Vergleich mit den beiden Barytons TieWV 40 und 48 sowie dem Fragment TieWV 37 leicht ablesen lassen: Der geschweifte Umriss des Korpus gleicht dem von TieWV 40 und noch eher TieWV 48. Auch die Form der Schalllöcher ist dieselbe. – Die Anlage des Wirbelkastens entspricht der von TieWV 37 und 40, dasselbe gilt für dessen Dekor. – Über die ursprüngliche Art der Anhängung der Aliquotsaiten ist genauso wenig Eindeutiges zu sagen wie bei den Barytons TieWV 37 und 48.

Der Dekor des Bodens ist in zweierlei Hinsicht beachtenswert: Die große Darstellung der Amphitrite, deren Wagen von zwei Delphinen gezogen wird, fährt durch Wasser! Bei Tielke bewegt sich der Wagen im Gegensatz zu den Vorlagen immer über festen Boden – mit einer Einschränkung: Bei der Gitarre TieWV 135 fährt Amphitrites Wagen, gezogen von Delphinen, wie auf dem hier beschriebenen Instrument durch Wasser! Die Darstellung eines Tritonen, der ein Horn bläst, lässt sich nicht auf Danckerts' Nouveau Livre zurückführen, auch wenn dort mehrere ähnliche Figuren zu finden sind.

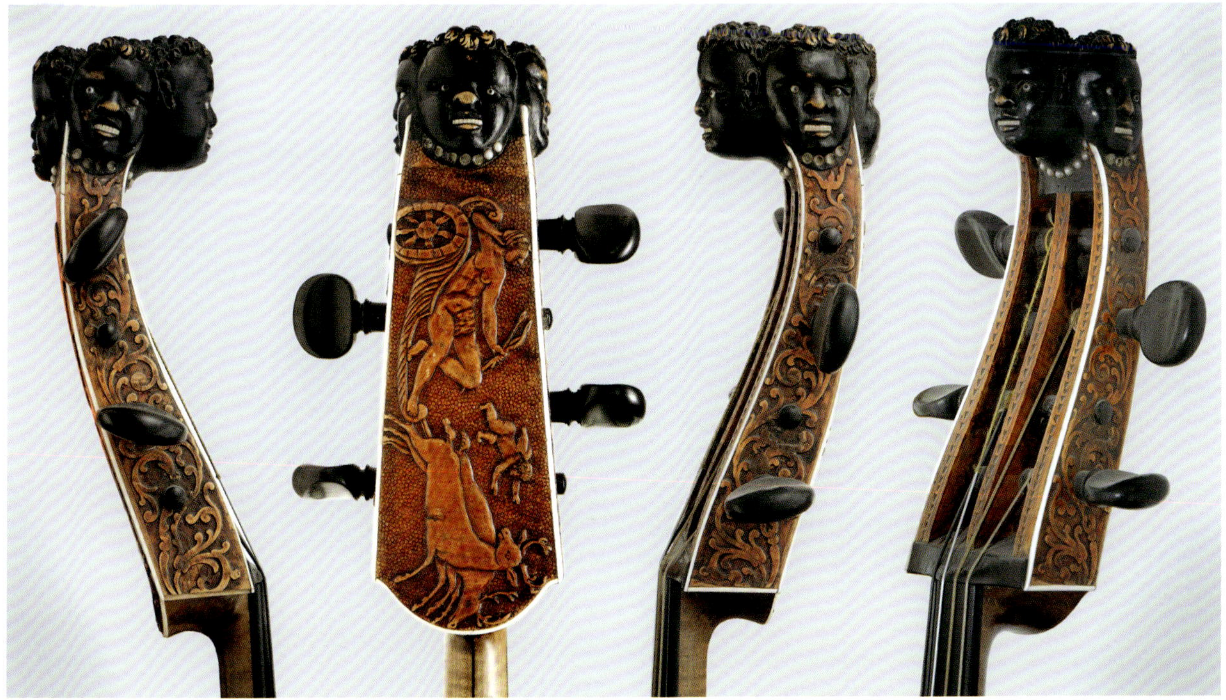

Abb. 15a–d Baryton TieWV 37a: Wirbelkasten mit Kopf

Die Datierung ergibt sich aus dem Vergleich mit den übrigen Barytons aus der Werkstatt Tielke. – Die dendrochronologische Analyse der Decke bestätigt die Richtigkeit der Zuschreibung des Instruments an die Werkstatt von Joachim Tielke (siehe dazu S. 34). Gegenwärtig befindet sich das Instrument im Zustand eines Violoncellos; dafür gibt es vier Wirbel im Wirbelkasten (alle übrigen Wirbellöcher sind zugesetzt). Der heutige, absurd schmal wirkende Hals ist im Oberklotz auf »moderne« Weise eingelassen und in den Wirbelkasten eingeschäftet. Der Wirbelkasten ist in diesem Zusammenhang am unteren Ende beschnitten, was besonders am rückseitigen Ornament deutlich wird. Die Veränderungen des Korpus sind im Einzelnen gut nachzuvollziehen:

Die Verschmälerung erfolgte durch Entfernung von Material längs der Mittelfuge des Bodens und der Decke – an dieser Stelle wurde dann der breite Mittelstreifen eingesetzt – sowie durch Verkürzung der Zargen am Unterklotz. Weiterhin wurde oben auf den Zargenkranz ein zusätzlicher, geschwungener Teil angebracht, um dem schmalen Cellohals eine optisch angemessenere Basis zu geben. Damit wurde auch die Verlängerung des Bodens nach oben hin notwendig. Ein Zwischenstadium mit dem Umbau zu einer Viola da gamba ist denkbar, aber durch keine Spuren eindeutig zu belegen.

Die ursprüngliche Besaitung ist aus der Zahl der zugedübelten Wirbellöcher nicht genau abzulesen.

Mit diesem Instrument erhöht sich die Zahl der Barytons aus der Werkstatt Tielke auf vier (aber noch immer ist der Verbleib des Instruments des Joseph Lidl ungeklärt; vgl. FBH 2011, S. 390).

Dank an Pierre Bohr, Mailand, der uns auf dieses Instrument aufmerksam machte.

Nachtrag

o. Nr. – Kopf mit Wirbelkasten einer Viola da gamba in Anlehnung an Tielkes Stil zwischen 1686 und 1694
Spanien, Privatbesitz

Kopf und Wirbelkasten – dieser ist einem neuen Hals aufgeschäftet – schmücken einen Korpus mit einem Zettel von Gregor Wenger aus Augsburg. Zeitlich und stilistisch gibt es keinen Zusammenhang zwischen diesen Teilen.

Der Kopf, in diesem Fall ein Frauenkopf, zeigt viele Merkmale, wie sie in den Jahren 1686 bis 1694 bei Joachim Tielkes Arbeiten und bis 1707 auch bei Hinrich Kopp zu finden sind. Dies gilt insbesondere für das Diadem im Haar über der Stirn (Abb. 17), aber auch für die durch die Haare gezogene und um den Hals verlaufende Perlenkette. Vom Krönchen im Haar fällt rückseitig ein Tuch herab. Dieses endet zwar richtig gefaltet, wie etwa bei der Viola da gamba TieWV 31, jedoch ist direkt oberhalb der Faltung eine quer verlaufende Kerbe angebracht (Abb. 16a), die bisher weder bei Tielke noch bei Kopp nachgewiesen

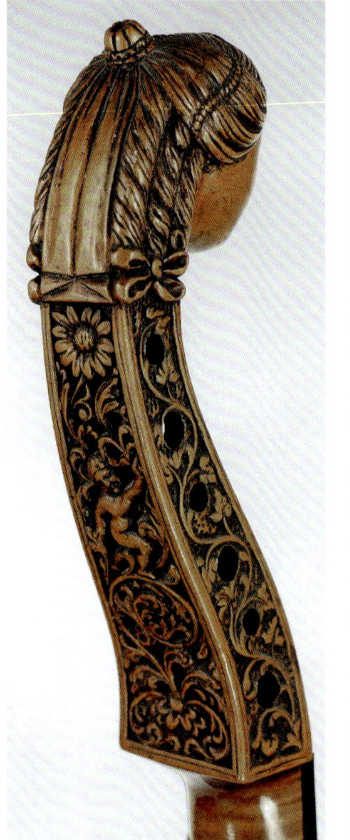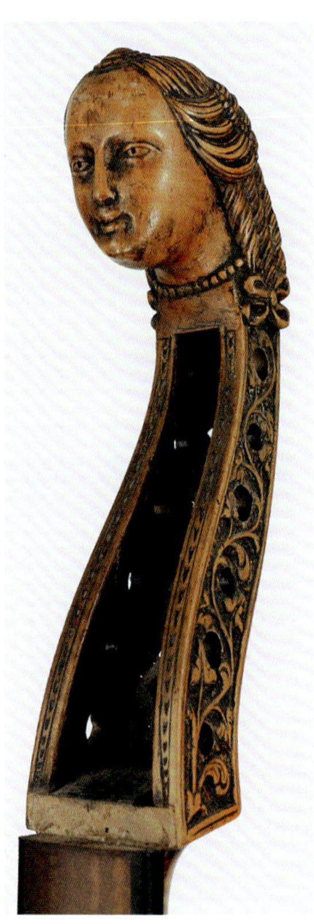

Abb. 16a, b Kopf und Wirbelkasten einer Viola da gamba

wurde. Ist sie ein Anzeichen für eine frühe Arbeit aus der Tielke-Werkstatt oder das einer fremden Hand?

Vergleicht man die Art, wie die Perlenkette aus den Haaren hervorschaut, so ist sie bei Tielke immer in zwei Teilen anzutreffen (z. B. bei TieWV 39), nicht wie bei diesem Kopf mehr oder weniger durchlaufend (Abb. 16a).

Das Antlitz ist sorgfältig gearbeitet und in Übereinstimmung mit manchen Arbeiten Tielkes.

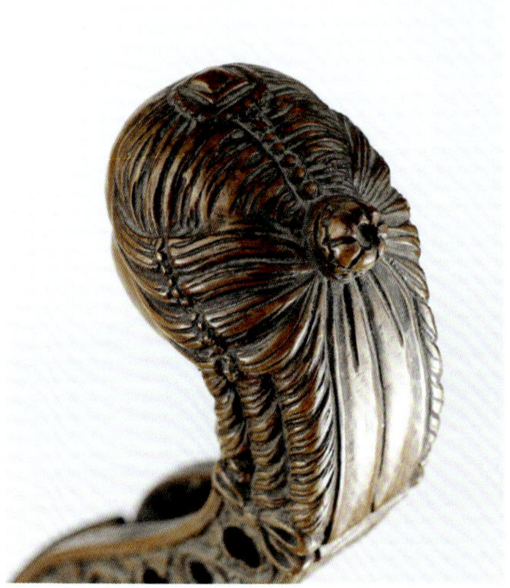

Abb. 17 Rückseite des Kopfes

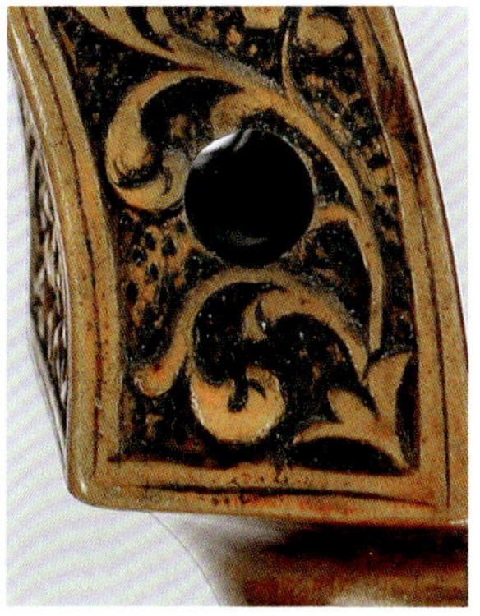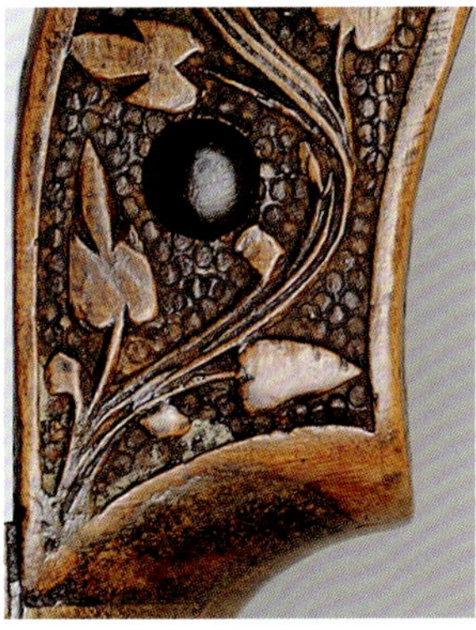

Abb. 18a, b Vergleich der Ranken und der Punzierung der Seitenwände der Wirbelkästen des hier diskutierten Instruments (links) und dem der Viola da gamba TieWV 77 (rechts), einem besonders deutlichen Beispiel

Der Wirbelkasten folgt ebenfalls dem Modell Tielkes mit einer Stichreihe auf den Vorderkanten, den Blattranken an den Seiten und der à jour gearbeiteten Rückseite mit dem in den Ranken kletternden Knaben. Es sind insbesondere die Ranken der Seitenflächen, die in wesentlichen Details anders gestaltet sind als bei Tielke: Bei diesem entspringen die Ranken immer als kleines Bündel, auch als einfache Ranke, jedoch niemals aus einem Blatt heraus. Zudem nehmen bei Tielke die Ranken in ihrem Verlauf immer Rücksicht auf die Wirbellöcher. Auch die Punzierung der Grundfläche ist bei Tielke sorgfältiger gearbeitet, zumeist mit einer kreisrunden Punze, deren Umriss sich ein wenig tiefer eindrückt als die mittlere Fläche der Punze (Abb. 18b). Im Vergleich dazu ist die Punzierung bei dem hier diskutierten Instrument mit einem Werkzeug durchgeführt, das mehr einem sorglos angespitzten Nagel gleicht. Auch eine weitere Art der Punzierung bei Tielke (siehe S. 26, Abb. 28) ist deutlich anders als die hier beschriebene.

Diese und weitere Eigenheiten von Kopf und Wirbelkasten erlauben keine überzeugende Zuschreibung an Joachim Tielke, wenngleich manche Merkmale den Arbeiten seiner Werkstatt nahekommen.

ABGEKÜRZT ZITIERTE LITERATUR

FBH 2011
Friedemann und Barbara Hellwig, *Joachim Tielke. Kunstvolle Musikinstrumente des Barock*. Berlin/München 2011.

FH 2009A
Friedemann Hellwig, *Hamburg and Paris: Joachim Tielke's Pochettes*, in: Galpin Society Journal LXII, 2009, S. 183–190.

FH 2015
Friedemann Hellwig, *Joachim Tielke's Pochettes Reviewed*, in: Galpin Society Journal LXVIII 2015, S. 163–165, 184–186.

LUZERN KAT. 2001
Mareike Roosen, *Die europäischen Streich- und Zupfinstrumente im Richard-Wagner-Museum, Luzern-Tribschen*, Augsburg 2001. Magisterarbeit Universität Augsburg. Online-Zugriff 2010. Maschinenschriftl. Exemplar in der Zentral- und Hochschulbibliothek Luzern (Standort Sempacherstrasse), OCLC-Nummer 611872689.

MÜNCHEN BNM KAT. 1951
Ausstellung *Alte Musik. Instrumente, Noten und Dokumente aus drei Jahrhunderten,* veranstaltet durch die Stadt München im Bayerischen Nationalmuseum, Nov.–Dez. 1951, Redaktion Alfons Ott. München 1951.

POHLMANN 1982
Ernst Pohlmann, *Laute, Theorbe, Chitarrone. Die Instrumente, ihre Musik und Literatur von 1500 bis zur Gegenwart*. Bremen ⁵1982.

RAUBKUNST 2014
Raubkunst? Provenienzforschung zu den Sammlungen des Museums für Kunst und Gewerbe Hamburg, hrsg. von Sabine Schulze und Silke Reuther. Hamburg 2014.

SCHUMACHER
Heinrich Schumacher, *Fundortkatalog*, Handschriftlicher Katalog, siehe dazu oben LUZERN KAT. 2001, S. 5, Anm. 2, Anm. 5.

TAKEUCHI 2018
Taro Takeuchi, *Rediscovering the Regency lute: a checklist of musical sources and extant instruments*, in: Early Music, vol. 46, H. 1, May 2018, S. 17–34, bes. S. 30.

TOFFOLO 1987
Stefano Toffolo, *Antichi strumenti Veneziani 1500–1800: 4 secoli di liuteria e cembalaria*. Venedig 1987.

VANNES 1956
René Vannes, *Katalog der städtischen Sammlung alter Musikinstrumente im Richard-Wagner-Museum Tribschen Luzern.* Luzern 1956.

WESTBROOK 2010
James Westbrook, *A rare 1698 Joachim Tielke angélique*, in: Lute Society Journal, vol. 50 (2010), S. 1–14; auch in FoMRHI Comm. 1998. Guildford 2010, 14 S.

Miszellen zu Leben und Werk

Seit Erscheinen unserer Monographie ist eine Reihe neuer Details zu Leben und Werk Joachim Tielkes gefunden worden, die hier in loser Folge vorgestellt werden; auch über veränderte Besitzverhältnisse werden berichtet.

Kleine Viole da gamba »unter der Communion«

Harald Vogel, Organist, Orgelforscher und Musikwissenschaftler, hat in den Notizen zu seinem Konzert am 16. September 2018 in der Lübecker Jakobikirche einen interessanten Fund mitgeteilt[1]:

Vogel berichtet von der Zahlung der Hamburger Kirche St. Jacobi an den Hamburger Ratsmusiker Christoffer Hartwich aus dem Jahr 1684: »an Christoffer Hartwich, do alle 14 Tage unter der Communion mit der viola da Gamba auf der Orgel aufgewartet«; der »viola di Gambisten« wird für gleiche Dienste bis April 1687 und erneut ab Dezember 1687 bis Dezember 1690 bezahlt. Bereits Liselotte Krüger[2] hatte darauf hingewiesen, dass der Gambist Hartwich den Auftrag erhielt, in den 14-tägigen Musiken auf der Orgel »aufzuwarten«; er wurde dafür von St. Katharinen für die Jahre 1670–1679 mit 180 Mark lübsch,[3] von St. Jacobi 1683–1688 mit 60 Mark lübsch und ab 1683 auch vom Domkapitel entlohnt.

Hartwich (Hartwig) wird schon von Günther Hellwig als der Familie Tielke nahestehend beschrieben: Eines von Christoffer Hartwichs Kindern hat Joachim Tielke zum Paten;[4] wiederum wird Hartwich Pate bei Tielkes zweitem Kind Johann Christoffer, Hartwichs Frau Sophia Dorothea Patin bei Tielkes sechstem Kind Catharina.[5]

Hartwichs Spiel auf der Viola da gamba zusammen mit der Orgel traf auf die immer wieder genannte Schwierigkeit der hohen Stimmung der Orgel: Das Instrument in St. Katharinen stand auf 493 Hz, die Orgel Schnitgers in St. Jacobi auf 495,45 Hz.[6] Zwar ist Schnitgers Orgel mit der angegebenen Stimmtonhöhe erst 1693 fertiggestellt worden, doch erscheint es richtig anzunehmen, dass das Vorgängerinstrument ähnlich hoch eingestimmt war. Dieser »Chorton« differierte stark vom tieferen »Kammerton«, für den die Instrumente Tielkes vorgesehen waren – mit Ausnahmen von einigen kleineren Viole da gamba. In unserer Veröffentlichung von 2011[7] hatten wir vermutet, dass eben diese Instrumente mit ihren geringeren Saitenlängen für das Musizieren mit der Orgel konzipiert waren. Wir sehen uns nun durch Vogels Fund bestätigt. Zugleich freuen wir uns über die Verbindung zwischen Tielke und Schnitger; beider wurde 2019 in ihrem 300. Todesjahr besonders gedacht.

»Stradivarius durchaus ebenbürtig«

Liselotte Krüger[8] fand lobende Worte zu Joachim Tielkes Viole da gamba bei Friedrich Chrysander (1826–1901), dem Musikwissenschaftler und Händelforscher, der einige Instrumente Tielkes 1893 für das Hamburger Museum für Kunst und Gewerbe aus der Sammlung Hammer ersteigert hatte: »Meister Tielckes Viola da gamba stand den Violinen seines Zeitgenossen Stradivarius durchaus ebenbürtig zur Seite«.

Viole da gamba Tielkes in alten Dokumenten

Das Nachlassinventar von Michel-Charles Le Cène (1684–1743), eines französisch-niederländischen Druckers und Musikverlegers in Amsterdam, listet u. a. als früheren Besitz zwei Viole da gamba Joachim Tielkes auf: unter Nr. 18 eine Viola da gamba von 1699 und unter Nr. 19 eine mit Elfenbein von 1706, deren Wert mit jeweils 20 holländischen Gulden angegeben wird.[9] Ob diese Instrumente oder wenigstens eines von ihnen sich unter den erhaltenen Arbeiten Tielkes[10] – vier Viole da gamba von 1699 sowie eine von 1706 – befindet, ist nicht bekannt.

Im Thüringischen Hauptstaatsarchiv Weimar finden sich unter der Nr. A 9671, überschrieben mit »Hoftheater Intendanz. Acta: Die Anschaffung neuer Instrumente, den Verkauf verschiedener für die großherzogl. Capelle nicht mehr brauchbarer musikalischen Instrumente betr. ao 1809 bis 1845. Vol. I.«, auf fol. 11v, drei Viole da gamba, von denen eine mit dem Namen Tielkes bezeichnet wird; die anderen beiden könnten aber ebenso aus seiner Werkstatt stammen:

»No 13 Eine Hamburger Gambe mit eingelegten Schildkrot u Steinen Cap. IV. No. 1.

No 14 Eine dergl. mit Elfenbein und Cypreßenholz fournirt von Thielke Cap. IV. No. 2.

No 15 Eine dergl. mit eingelegten Elfenbein-Linien, der Hals ganz von Elfenbein, der Kopf abgebrochen Cap IV. No 3.«

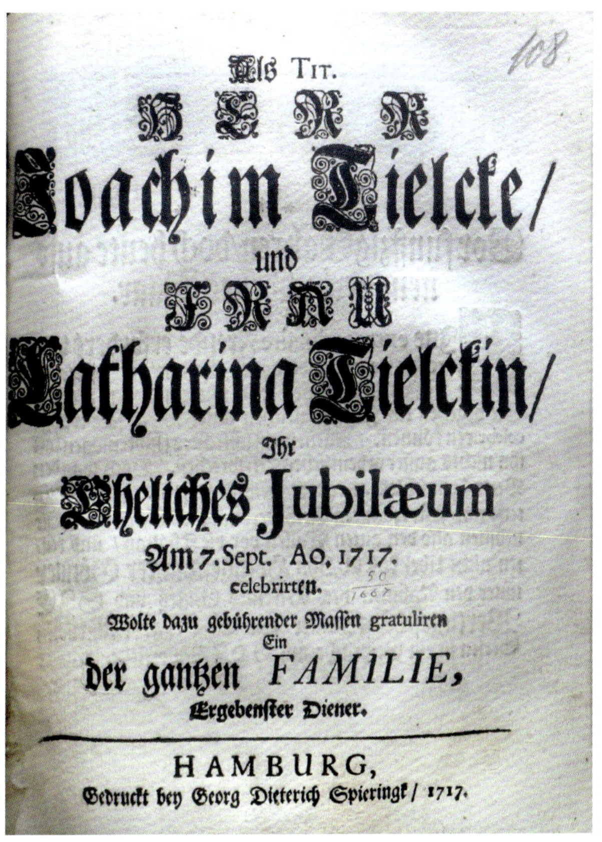

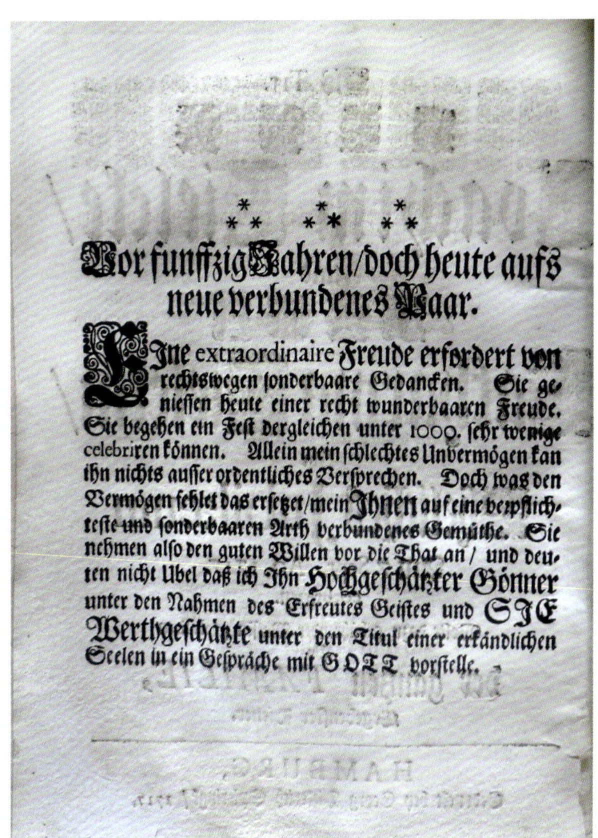

Abb. 19a–c Gratulationsschrift zur Goldenen Hochzeit von
Joachim und Catharina Tielke

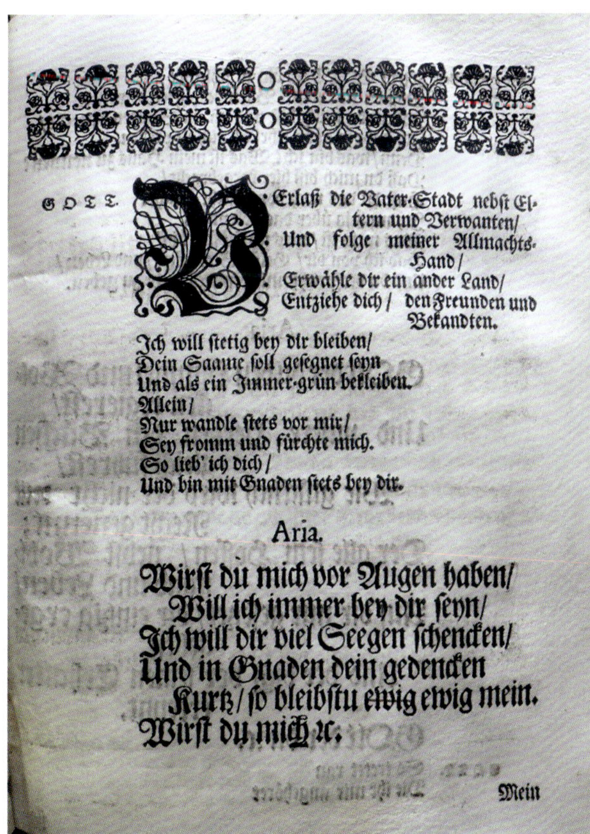

Nr. 13 ist nicht verkauft worden, die Nr. 14 und 15 wurden
von »H. Hofmusicus Burggraf« für den Preis von 3 Reichtalern,
12 Groschen, bzw. 2 Reichstalern, 13 Groschen erstanden.[11]

Bei No. 15 handelt es sich vermutlich um die prachtvolle
Viola da gamba TieWV 79, die heute im Besitz der Klassik Stiftung Weimar ist. Über den Verbleib der anderen beiden ist
nichts bekannt, sie können auch nicht mit anderen Instrumenten Tielkes in Verbindung gebracht werden.

Zur Goldenen Hochzeit

Zur Feier ihrer Goldenen Hochzeit am 7. September 1717 wur-
den Joachim und Catharina Tielke mindestens fünf festlich ge-
druckte Schriften gewidmet, die nur in einer Abschrift erhalten
schienen.[12] Unlängst hat Ulf Grapenthin einen dieser Drucke
im Original innerhalb eines größeren Konvoluts gefunden.[13]
Drei der insgesamt sieben Seiten werden hier wiedergegeben
(Abb. 19a–c). Auf der dritten wird wenigstens kurz auf des
Hochzeiters Herkunft aus der von ihm verlassenen Vater-Stadt
(Königsberg) und dem erwählten anderen Land (Hamburg)
Bezug genommen – der einzige Hinweis auf Tielkes Vita. Im
Weiteren sprechen Gott, »der erfreute Geist« (= Joachim Tielke)
und »die erkändliche Seele« (= Catharina T.) und singen dann
ihre Arien. Am Ende finden alle in gemeinsamem Gesang zum
Preise Gottes zusammen.

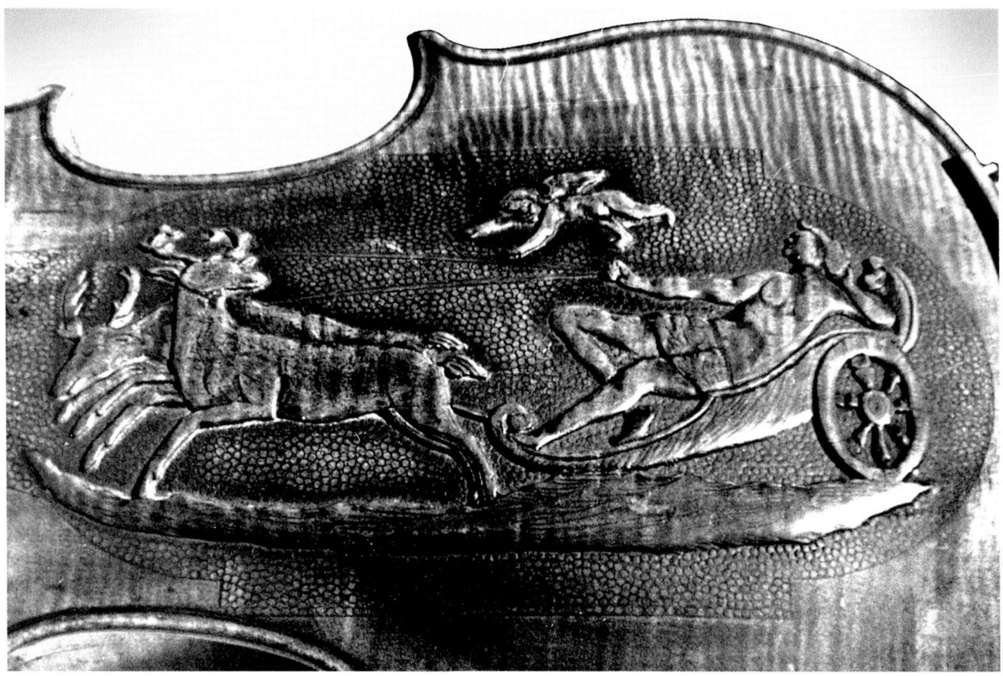

Abb. 20 Boden
einer Viola
(Privatbesitz)

Die Suche nach dem bei Günther Hellwig[14] abgebildeten Titelblatt der Gratulationsschrift von Daniel Gottfried Schultz ist bisher erfolglos geblieben.

Venus auf ihrem Wagen

In den 1980er Jahren war Günther Hellwig eine Viola gezeigt worden, die auf ihrem Boden ein Flachrelief mit dem bekannten Motiv der Venus auf einem von Hirschen gezogenen Wagen trägt; Amor schwebt darüber und lenkt die Zugtiere (Abb. 20). Hier zeigen sich alle Merkmale derjenigen Darstellung, wie sie im »Nouveau Livre des Dieux et des Deeßes de la Marine« von Cornelis Danckerts[15] und auf mehreren Arbeiten Joachim Tielkes zu finden sind (mit dem Unterschied, dass bei Danckerts der Wagen der Venus durch Wasser fährt, bei Tielke aber über festen Grund). Es ist allerdings ungewöhnlich, Venus auf einer Viola zu finden, einem Instrumententyp, der bisher bei Tielke nicht nachgewiesen werden konnte. Auffällig ist die asymmetrische Anordnung des Motivs, das zu seinem oberen Rand hin verschoben erscheint und die Vermutung nährt, dass der Boden der Viola aus einem Bestandteil eines größeren Instruments herausgeschnitten wurde. Das müsste in jüngerer Zeit geschehen sein, denn die Randarbeit der Viola ist – soweit auf dem Foto erkennbar – keine des 17. oder frühen 18. Jahrhunderts. Deutlich ist auch, dass die Texturen des Holzes vom Rand her durchlaufen, also die Darstellung nicht ausgeschnitten und in anderes Material eingesetzt worden ist.

Venus auf ihrem Wagen als Flachrelief kommt bei Tielke nur bei den Barytons vor, und zwar auf den Rückseiten der Wirbelkästen von TieWV 37, 37a und 40; bei allen drei Instrumenten ziehen die Hirschen den Wagen nach rechts (nach unten im Sinne des jeweiligen Instruments) und immer über festen Grund. Wenn bei der in Frage stehenden Viola die Tiere nach links (oben) ziehen, so sollte dem nicht allzu viel Bedeutung zugemessen werden, denn für die Übertragung der Vorlage musste diese durchgepaust werden. Und wie herum sie anschließend auf dem Werkstück realisiert wurde, lag im Ermessen des Handwerkers oder wurde durch den Ort ihrer Anbringung bestimmt. Die im Sinne Tielkes seitenverkehrte Übertragung der Vorlage spricht deshalb nicht gegen eine Arbeit aus seiner Werkstatt; das Relief folgt vielmehr unmittelbar dem Druck Danckerts, bei dem das Gefährt ebenfalls nach links zieht, also anders als in weiteren Instrumenten Tielkes. Die handwerkliche und künstlerische Qualität des Flachreliefs ist nicht sehr hoch, aber doch derjenigen auf den genannten Barytons vergleichbar.

Es gibt aber ein Merkmal, das bisher nicht geprüft werden konnte, da der gegenwärtige Eigentümer und damit der Aufenthaltsort des Instruments nicht bekannt sind: die absolute Größe der Darstellung. Diese entspricht bei Tielke immer den Abmessungen der Vorlage. Dabei sollte nicht der äußere Rahmen, sondern in unserem Fall die Länge von der Nasenspitze des hinteren Hirsches bis zum äußersten Ende des Wagen in Betracht gezogen werden. Erst wenn das Ergebnis einer genaueren Untersuchung der Viola vorliegt, könnte also eine Zuschreibung an Joachim Tielke erfolgen.[16]

Anregungen aus den Niederlanden?

Die Studienjahre des jungen Joachim Tielke im niederländischen Leiden (1663–1666) bedeuteten für ihn sicherlich eine Zeit vielfältiger starker Eindrücke, die Einfluss auf sein späteres Schaffen ausgeübt haben. Beschrieben wurden schon die so zahlreichen floralen Ornamente, vor allem auf Griffbrettern und Saitenhaltern, und ihre Entstehung auf der Grundlage von Darstellungen von Blumen und Blüten, die Tielke in den Niederlanden kennengelernt haben könnte.[17] Gab es vielleicht noch andere Anregungen aus jener Zeit?

Anlass zu solch weitergehenden Überlegungen bietet ein Beitrag von Florence Gétreau zu der eingangs genannten Schrift,[18] in dem die Autorin zwei Gemälde von Pieter Claesz sowie ein graphisches Blatt von Jakob Matham diskutiert; alle sind niederländische Vanitas-Stillleben der ersten Hälfte des 17. Jahrhunderts mit Darstellungen von Musikinstrumenten. In den drei von Gétreau gezeigten Beispielen fällt in Zusammenhang mit den Arbeiten Tielkes ein Merkmal besonders auf: die doppelten Einlagen entlang der Ränder der dargestellten Streichinstrumente. Sind diese typisch für niederländischen Instrumente und wenn ja, könnte Joachim Tielke für seine Viole da gamba, deren Decken doch angeblich immer doppelte Einlagen aufweisen, die Anregung dazu aus den Niederlanden mitgenommen haben?

Nach Durchsicht einer Reihe von Bänden zur Musikikonographie lautet die Antwort: Nein, doppelte Einlagen sind in den Niederlanden nicht häufiger zu finden als in anderen Ländern. Aber wie typisch sind sie denn für Tielkes Instrumente? Eine kleine Statistik dazu: In 31 seiner Streichinstrumente gibt es doppelte dreispänige, in 33 aber siebenspänige, in nur 11 einfache dreispänige Einlagen und in einem eine fünfspänige Einlage. Somit sind die doppelten Einlagen keineswegs ein durchgängiges Merkmal der Arbeiten Tielkes!

Die Köpfe und deren Schnitzer

Schnecken sind auf keinem der erhaltenen Instrumente Joachim Tielkes bekannt; immer sind es Köpfe von Fabeltieren (Drachen), Löwen oder Menschen, zumeist Frauen. Diese Köpfe sind ein Charakteristikum der Arbeiten Tielkes, sie können im Falle unbezeichneter Instrumente zur oft sicheren Zuschreibung an die Hamburger Werkstatt herangezogen werden. Es folgt ein genauerer Blick auf die Haupttypen der Köpfe von Tielkes Instrumenten.

Frauenköpfe

Frauenköpfe, auf deren Formenschatz hätte zurückgegriffen werden können, haben keine Tradition im norddeutschen Instrumentenbau.[19] Tielkes Frauenköpfe bedurften aus diesem Grunde einer sich über lange Zeit hinziehenden gestalterischen Enwicklung: Am Anfang stehen die unbeholfen wirkenden Köpfe von TieWV 1 von 1669 und TieWV 2 aus wohl demselben Jahr. Erst die Instrumente des Jahres 1685, die Viole da gamba TieWV 32 und 33, zeigen die für Tielke so typische Form der Köpfe, von uns als »reife Form« bezeichnet. Bei den Viole da gamba TieWV 152 und 153 aus dem Jahr 1707 ist sie schließlich zum letzten Male zu finden.

Joachim Tielke kommt als ausführender Handwerker nicht in Frage, vermutlich hat er die Arbeit aber als künstlerischer Lenker intensiv bestimmt. Es stellt sich dann die Frage, ob über 22 Jahre hinweg ein und derselbe Schnitzer diese Köpfe für Tielke ausgeführt haben könnte. Immerhin sind gestalterische Merkmale, die immer derselben Hand zugeschrieben werden können, erkennbar. Die Köpfe der »reifen Form« könnten demnach Arbeiten eines einzigen Handwerkers sein.

Bei TieWV 150 aus dem Jahr 1706 findet sich ein Kopf, der den Anschein erweckt, als habe ein Schnitzer ihn ohne An-

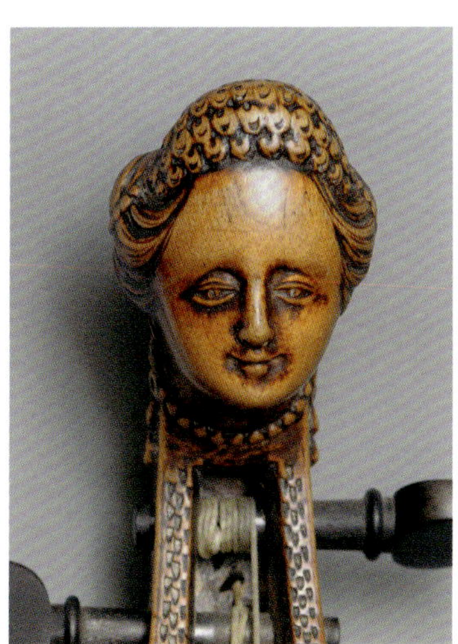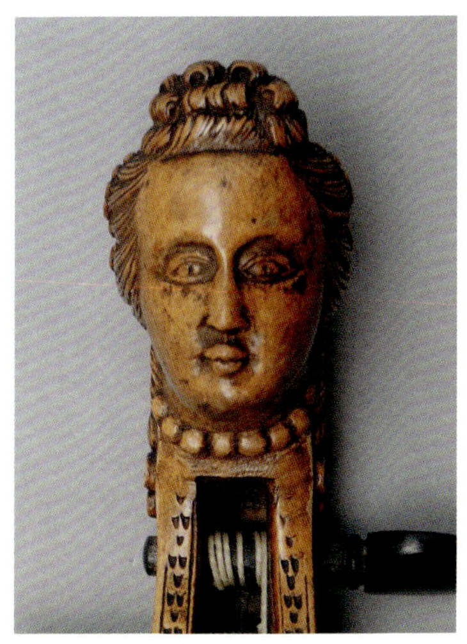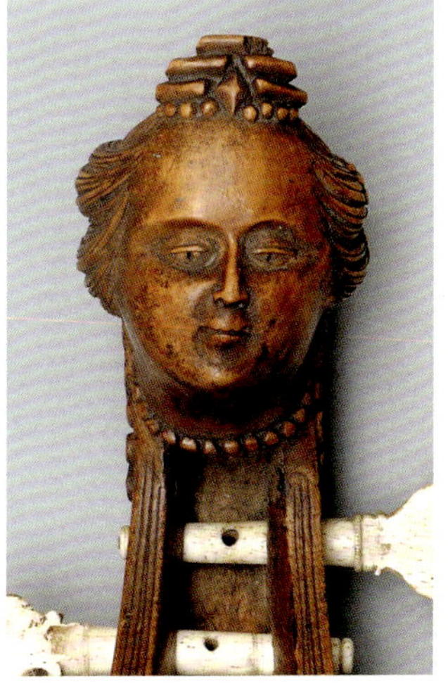

Abb. 21a–c
TieWV 153, 150 und 160: Kopf der »reifen« (links) und der »späten« Form (rechts)

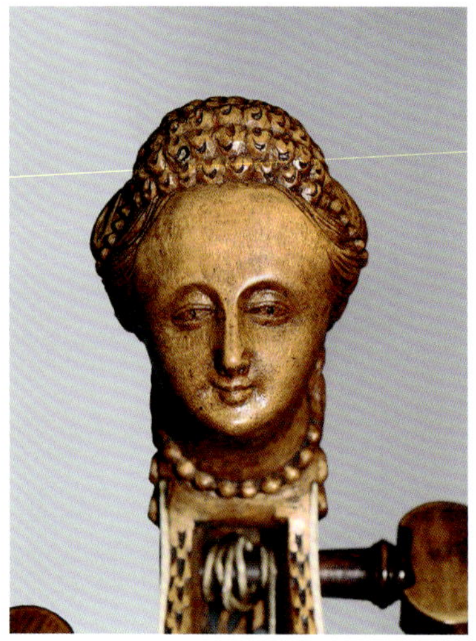 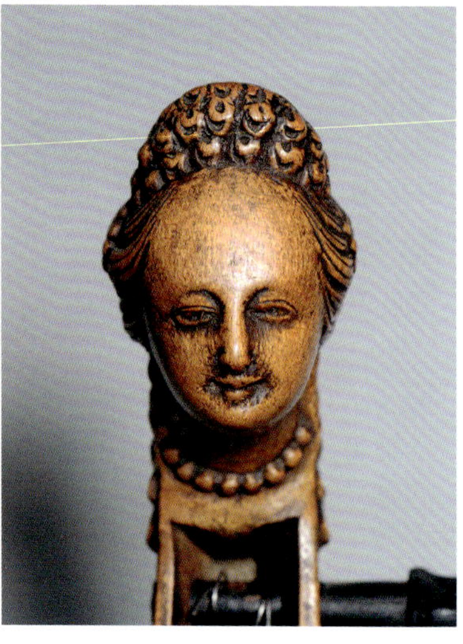

Abb. 22a, b TieWV 144 und Kopp Nr. 6:
Kopf einer Viola da gamba Joachim Tielkes und
eines Hamburger Cithrinchens Hinrich Kopps

schauung eines Vorbilds allein nach der mündlichen Beschreibung eines Tielke'schen Frauenkopfes gefertigt. Ist dies ein Zeichen für Tielkes Suche nach einem neuen Schnitzer?

Die Datierungen der Instrumente TieWV 150 (1706), 152 (1707) und 153 (1707) gründen sich auf deren Zettel, geben aber nicht zwangsläufig die zeitliche Folge der Anfertigung der Köpfe wieder; denn diese sind vermutlich »auf Vorrat« hergestellt worden und dann in einer mehr oder weniger zufälligen Auswahl den in Arbeit befindlichen Korpora zugeordnet worden. Der Kopf von TieWV 150 kann also durchaus nach denen der Instrumente TieWV 152 und 153 entstanden sein.

Nach der offensichtlichen Schaffenspause der Werkstatt während der Jahre 1709 bis 1716 erscheint dann eine gänzlich andere Form, die »späte Form«. Wir sehen darin die Arbeit

unter der Ägide von Tielkes Nachfolger Jacob Heinrich Goldt. Die Abbildungen 21a–c zeigen diese drei Köpfe.

Auf die überaus enge Verwandtschaft, ja Gleichartigkeit der Köpfe Hinrich Kopps mit denen Joachim Tielkes (Abb. 22a, b) ist in FBH 2011[20] hingewiesen worden. Kopps Instrumente mit Köpfen (soweit erhalten sämtlich Hamburger Cithrinchen) datieren aus der Zeit von 1685 bis 1707, umfassen also genau die Periode der »reifen« Köpfe Tielkes. Ob nun ein langjährig tätiger Schnitzer für beide gearbeitet hat oder ob gar Kopp – neben dem Bau der mit seinem Namen bezeichneten Instrumente – auch der Verfertiger von Köpfen für Tielke war, muss offen bleiben.

Frauenköpfe eignen sich aufgrund ihres eher seltenen Vorkommens im Instrumentenbau besser zur Zuordnung von Instrumenten an Tielke als die im Folgenden zu untersuchenden Löwenköpfe.

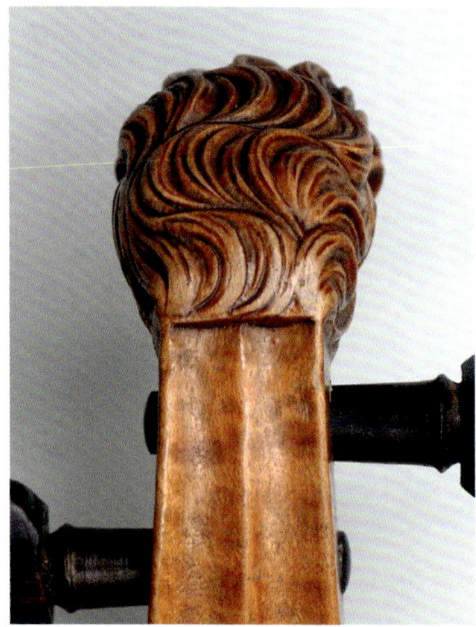 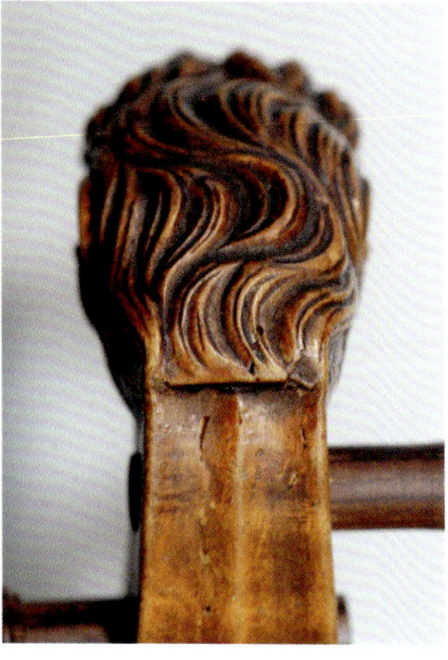

Abb. 23a, b TieWV 57 und 59:
Köpfe der Viole d'amore wie in Abb. 24a, b

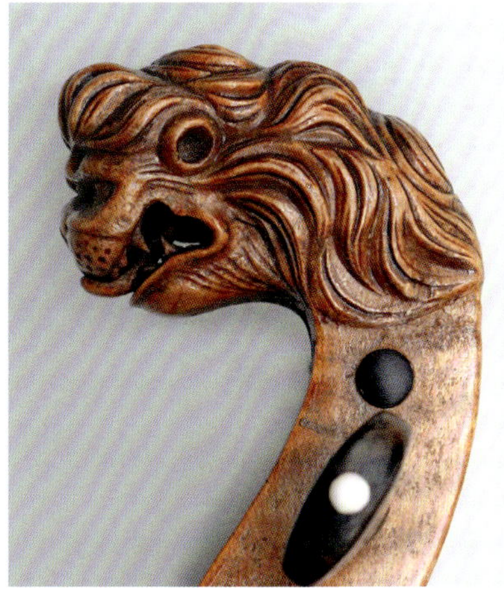
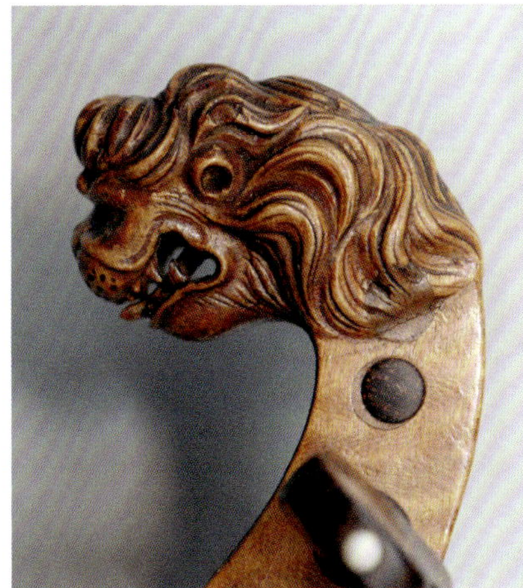

Abb. 24a, b TieWV 57 und 59: Köpfe der Viole d'amore wie in Abb. 23a, b

Löwenköpfe

Löwenköpfe sind im Gegensatz zu Frauenköpfen in Norddeutschland vielfach anzutreffen, zumeist auf Instrumenten der Violinfamilie.[21] Sie zieren auch zahlreiche Streichinstrumente der Werkstatt Tielkes aus den Jahren um 1687 (Violine TieWV 47) bis 1708 (Viola da gamba TieWV 157), ohne dass eine künstlerische Entwicklung oder gravierende Unterschiede zwischen den Köpfen aus über zwanzig Jahren eindeutig erkennbar wären. Offenbar haben sich die Schnitzer an einem gut eingeführten Typus orientieren können. Bei den Löwenköpfen Hände einzelner Schnitzer scheiden zu wollen, erweist sich als schwierig, soll aber dennoch versucht werden. Dazu werden auch Merkmale der Wirbelkästen herangezogen.

Eine Unterscheidung der Köpfe könnte anhand der letzten Wellen der Haartracht am Hinterkopf erfolgen: Deren Drehung erfolgt bei TieWV 57, der Viola d'amore von 1690, nach rechts, bei TieWV 59, dem Instrument gleichen Typs und gleicher Datierung, entgegengesetzt nach links (Abb. 23a, b). Betrachtet man daraufhin die Physiognomie der beiden Köpfe nebeneinander (Abb. 24a, b) und vergleicht insbesondere die Mäuler der Löwen, so ist die formale Gleichartigkeit beider Schnitzereien, trotz der unterschiedlichen Ausarbeitung der Haartracht in der Seitenansicht, eindeutig: Beide Köpfe müssen von derselben Hand gefertigt sein. Die Arbeit eines einzelnen Schnitzers folgt offensichtlich nicht komplett festgelegten Merkmalen; vielmehr muss mit einer gewissen Verschiedenartigkeit der Gestaltung der Köpfe bei den Arbeiten eines einzelnen Handwerkers ge

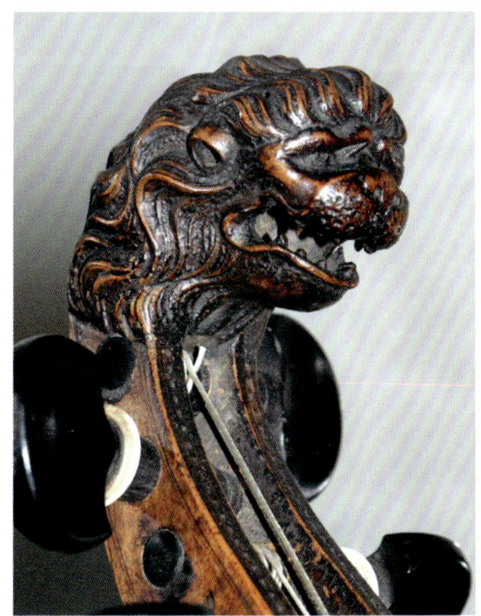
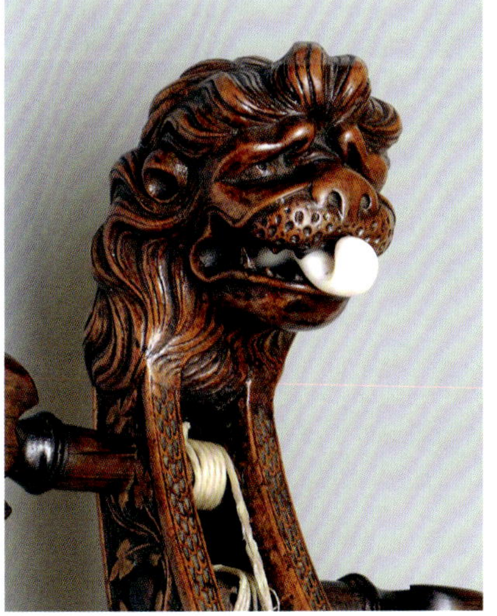
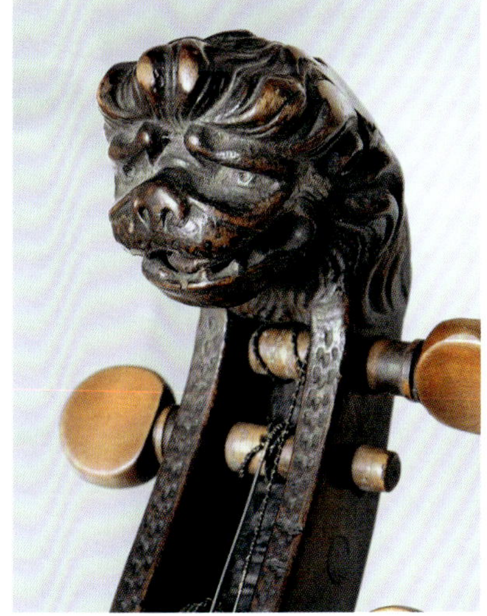

Abb. 25 Kopf einer Viola da gamba (Prag, The Czech Museum of Music)

Abb. 26 Kopf der Viola da gamba TieWV 77

Abb. 27 Kopf einer Viola d'amore ohne Resonanzsaiten (Sachsen, Privatbesitz)

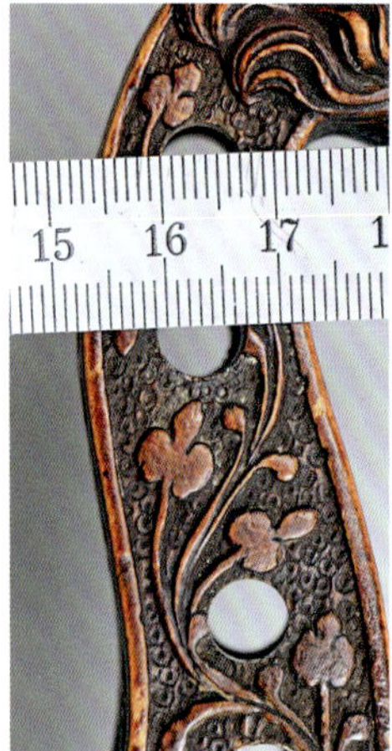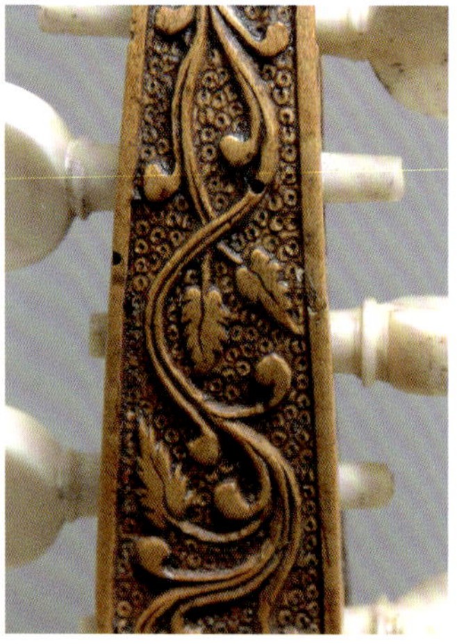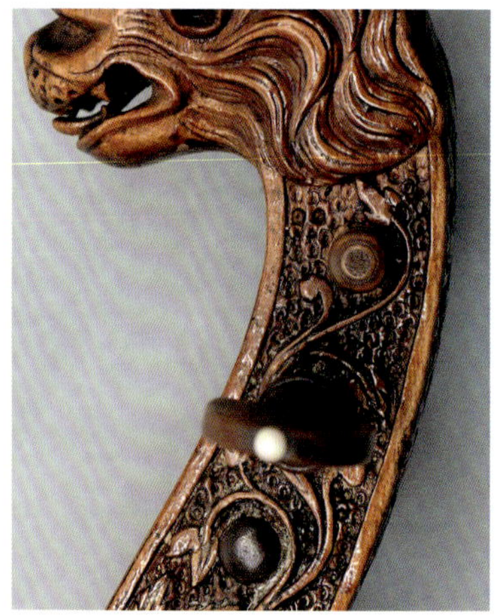

Abb. 28a–c TieWV 47, 58 und 76: Punzierung mit vertiefter Mitte

rechnet werden. Neben diesem einen positiven Beispiels führt die vergleichende Prüfung der Vielzahl von Tielkes Löwenköpfen auf weitere Details (wie beispielsweise die Gestaltung der äußersten Winkel der Mäuler oder der Locken über der Stirn) kaum zu einer überzeugenden Gruppierung von Köpfen, die man einzelnen Schnitzern zuweisen könnte.

Zahlreich sind die unbezeichneten Instrumente oder solche mit Zetteln anderer Instrumentenmacher, die Löwenköpfe von solch deutlicher Ähnlichkeit mit denen Tielkes aufweisen, dass man dieselben Schnitzer annehmen muss. Wenige Beispiele sollen das verdeutlichen: Der Kopf aus Prag[22] (Abb. 25) ist Teil eines aus Instrumenten verschiedener Herkunft zusammengesetzten Kompositums; es wird als »englisch« bezeichnet. Ein zweiter Kopf findet sich auf einer fünfsaitigen Viola d'amore ohne Resonanzsaiten in Privatbesitz (Abb. 27; deren Decke ist alt, ihr Umriss verändert). Keines dieser genannten Instrumente zeigt in den übrigen Teilen Merkmale, wie wir sie von Tielkes Arbeiten kennen. Eine nahe Verwandtschaft mit diesen beiden Löwenköpfen besteht zum Beispiel zu dem auf der fünfsaitigen Viola da gamba TieWV 77 (Abb. 26). Gewiss, es gibt Unterschiede zwischen den drei Köpfen; sie sind aber nicht größer als die zwischen den Löwenköpfen auf den signierten Instrumenten Tielkes. Aus den vorstehenden Überlegungen eine eindeutige Aussage über die Zahl der Schnitzer abzuleiten, die für Tielke oder für andere im gleichen Stil gearbeitet haben, scheint uns unmöglich.

Zur Frage der Schnitzer von Köpfen, auch der Tielkes, sei aus dem Tagebuch des Samuel Pepys zitiert.[23] Anhand der Einträge lässt sich der Entstehungsprozess seiner Viola da gamba (»viall«) detailliert verfolgen, wobei deren Kopf besonderes Interesse erregt. Pepys' Aufzeichnungen in London sind gar nicht lange vor dem Beginn von Tielkes Arbeit in Hamburg entstanden, könnten also durchaus auch für diese Stadt zutreffen:

16th July 1663: [...] Then at Wapping to my carver's about my Viall head. So home, and thence to my Viall maker's in Bishops gate Street; his name is Wise, who is a pretty fellow at it [...]

24th: [...] and down to many places, among others to the viall maker's, and there saw the head, which now pleases me mightily, and so home [...]

28th: [...] at noon to Wise's about my viall that is a-doing [...]

31st: [...] and at noon to my viall maker's, who has begun it and has a good appearance [...]

4th August: [...] I walked out with him to my viall maker's [...]

7th: [...] I to my Viall, which I find done and once varnished, and it will please me very well when it is quite varnished [...]

15th: [...] After dinner walked forth to my instrument maker, and there had my rule he made me lay now so perfected, that I think in all points I have never need or desire a better, or think that any man yet had one so good in all the several points of it for my use.

19th: [...] I out and see my viall again, and it is very well [...]

21st: [...] and so to supper after having this evening paid Mr. Hunt £3 for my viall (besides the carving which I paid this day 10s. for to the carver), and he tells me that I may, without flattery, say, I have as good a Theorbo viall and viallin as is in England [...]

Aus diesem Text geht u.a. hervor, dass der Kopf von Pepys' Viola da gamba nicht vom Instrumentenmacher, sondern von einem externen Schnitzer angefertigt und dieser auch gesondert bezahlt wurde. Vermutlich ist allein der Kopf gemeint, nicht aber der Wirbelkasten, der doch erst vom Instrumentenmacher seine endgültige Funktion und also auch Gestalt erhalten kann. Auf Tielke bezogen würde dies bedeuten, dass das Rankenwerk und anderer Dekor auf den Rück- und Seitenwänden des Wirbelkastens erst im Zusammenhang mit weiteren Arbeiten angebracht worden sein muss, dass also weniger anspruchsvolle Schnitzarbeiten in seiner Werkstatt erledigt wurden. Dies

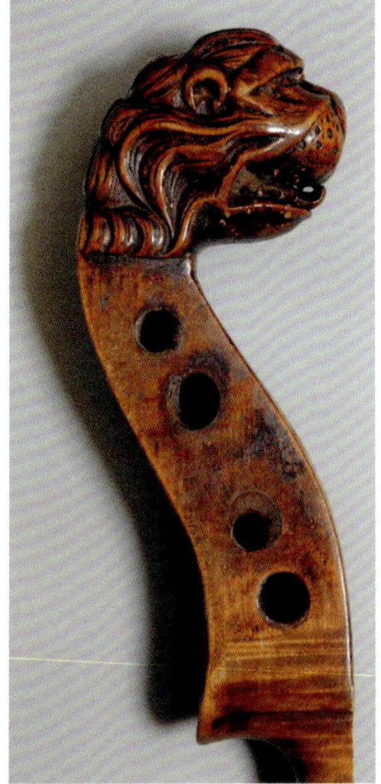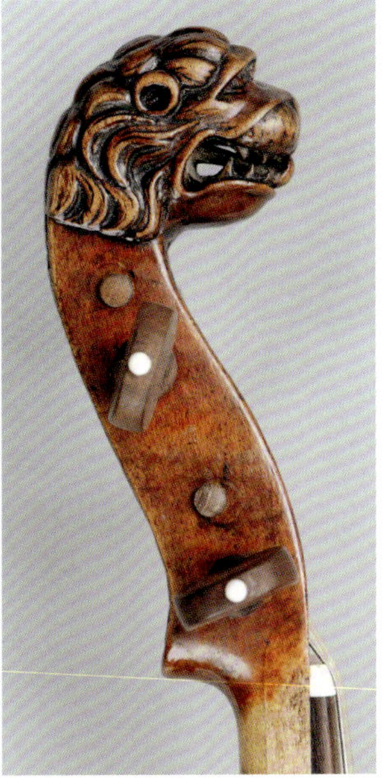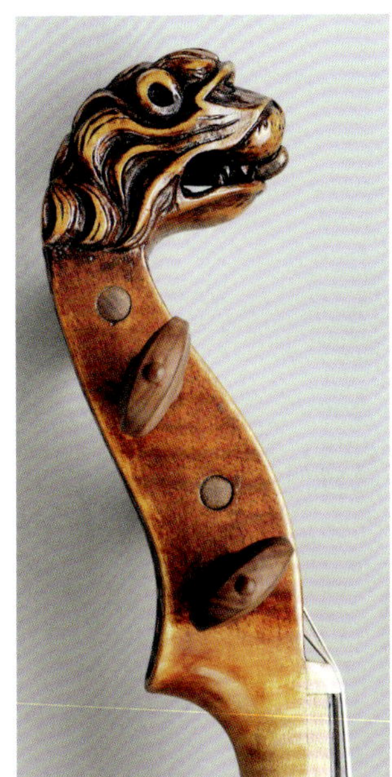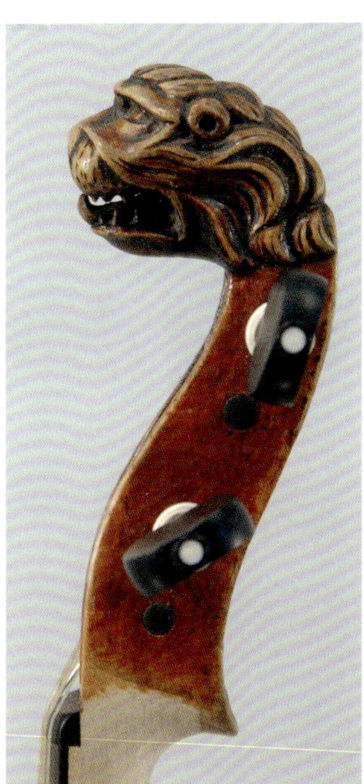

Abb. 29a–d Köpfe unbezeichneter Instrumente: (von links) Violoncello (New York, The Metropolitan Museum of Art, Inv.-Nr. 1988.458) und drei Violinen (Privatbesitz, Hamburg)

könnte deren erstaunlich einheitlichen Stil erklären. Aber auch hier sind Sonderformen zu erkennen:

An zwei Wirbelkästen mit Löwenköpfen (Violine TieWV 47 und Viola d'amore TieWV 76) fallen Punzierungen auf, die technisch aufwendiger als sonst gestaltet sind: Sie zeigen eine punktförmige Vertiefung in ihrem jeweiligen Mittelpunkt (Abb. 28a–c). Auch der Wirbelkasten der Viola d'amore TieWV 58, dieser allerdings mit Frauenkopf, zeigt diese Besonderheit. Alle drei Instrumente sind zeitlich nah beieinander entstanden: um 1687, 1690 und 1694. Sind diese drei Wirbelkästen Arbeiten ein und desselben Schnitzers in der Werkstatt Tielkes oder doch eines externen Handwerkers?

Die Vielzahl erhaltener Löwenköpfe auf norddeutschen Instrumenten aus anderen, zumeist namentlich nicht bekannten Werkstätten lässt vermuten, dass mehrere Arbeiten desselben Schnitzers vorkommen. Die Abbildungen 29a–d zeigen den Versuch, mehrere Köpfe miteinander zu vergleichen. Wie groß müssen Ähnlichkeiten und wie groß dürfen Abweichungen sein, um solche Köpfe demselben Schnitzer zuschreiben zu können? Hier stößt die Stilkritik an ihre Grenzen.

Weiterhin offene Fragen

Auch die hier vorgestellten Ergänzungen zur 2011 erschienenen Veröffentlichung lassen weiterhin einige Fragen zu Tielkes Leben und Werk offen:[25]

– Wie entstand der Kontakt zur Familie Fleischer, der seine Ehefrau entstammt?

– Wo befand sich die Wohnung der Familie Tielke?

– Wo hatte Joachim Tielke seine Werkstatt und wie viele Handwerker hat er dort beschäftigt?

– Welche Arbeiten wurden in anderen Werkstätten erledigt?

– Wer waren die Schnitzer, wer die Marketeure?

– Hat Tielke selber die floralen Ornamente gezeichnet oder gehen diese auf gedruckte Vorlagen zurück?

– Auf welchem Wege hat er die in Paris gefertigten Pochetten erworben?

Ergänzungen zu einzelnen Instrumenten

TieWV 13 – Hamburger Cithrinchen, 1676

Ein Gemälde mit der Darstellung einer Dame, die genau dieses Instrument in ihrem Schoß hält, ist 1990 in einer Auktion bei Christie's in London angeboten und dann 2017 im Auktionshaus Doyle's in New York von privater Hand erworben worden; inzwischen ist es Eigentum des Royal College of Music, London.[24] Dort befindet sich auch das dargestellte Cithrinchen. Das Bild wird auf Ende des 18. Jahrhunderts datiert. Es ist das Werk eines unbekannten Malers – eine allseits anerkannte Zuschreibung an einen bestimmten Künstler gibt es bisher nicht. Dies ist das einzige bisher bekannte Gemälde mit der Darstellung eines erhaltenen Instruments Tielkes (siehe Abbildung auf dem Frontispiz).

TieWV 22 – Viola da gamba, um 1680

Das Instrument ist jetzt in Potsdamer Privatbesitz.

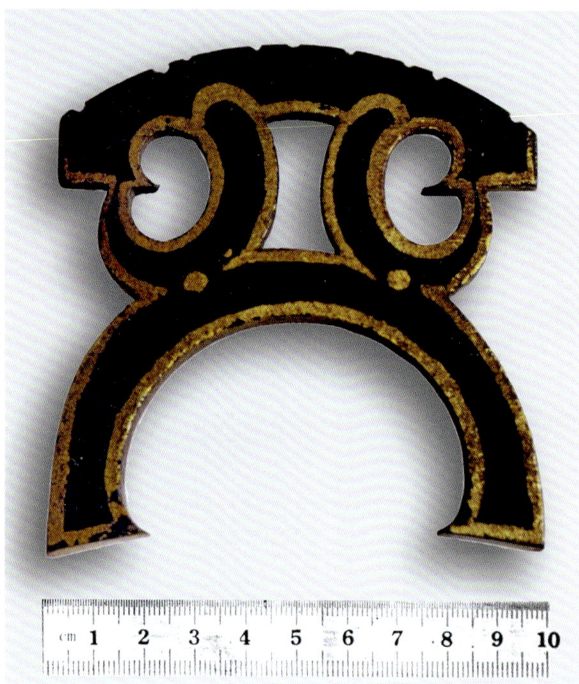

Abb. 30 Steg der Viola da gamba TieWV 32

TieWV 32 – Viola da gamba, 1685

Der Steg auf diesem Instrument (Abb. 30) – darauf macht Klaus Martius, Nürnberg, aufmerksam – scheint original zu sein. Er besitzt in der Tat eine gewisse Ähnlichkeit mit dem bei FBH 2011[26] abgebildeten Steg aus dem Deckengemälde der Dreifaltigkeitskirche in Salzburg. Ian Watchorn hatte den Steg von TieWV 32 untersucht und folgendermaßen beschrieben: »Halbtangential geschnitten, schwarz bemalt mit Dekoration in Gold. Kante oben beidseitig leicht abgerundet. Asymmetrisch zur Mittelachse. Keine Werkzeugspuren erkennbar [...]«.[27]

Dieser Steg und der auf der Viola da gamba TieWV 79 sind die beiden einzigen, die vermutlich noch aus der Werkstatt Tielke stammen.

TieWV 36 – Viola da gamba, um 1685

Nach dem Tod des bisherigen Eigentümers befindet sich das Instrument nunmehr in Hamburger Privatbesitz.

TieWV 52, 124, 163 – Mandoren

Dieter Kirsch (KIRSCH 2018) bestätigt die Richtigkeit der Bezeichnung der drei Instrumente als Mandoren. Bei Deckenlängen zwischen 48,8 und 52 cm sei es angebracht, eine Saitenlänge von ca. 72 cm und damit eine Stimmung für die oberste Saite in d¹ anzunehmen.

TieWV 66 – Gitarre, 1692

Nach dem Tod des bisherigen Eigentümers Harvey Hope, London, ist das Instrument 2016 in den Besitz von Tony Bingham, London, übergegangen; von ihm 2019 weiterverkauft. Der neue Eigentümer ist uns nicht bekannt.

TieWV 80 – Viola da gamba, 1695

Das Instrument befindet sich jetzt in Berliner Privatbesitz. *Vorbesitzer*: Karl Zach, Wien. – 1968 für das Studio der Frühen Musik Basel (Leiter des Ensembles und Spieler des Instruments: Thomas Binkley) gekauft vom Händler Sidney Locker, New York; dieser hatte es im Zuge des Verkaufes eines größeren Anwesens in Pennsylvania vom Nachlassverwalter erworben. Dann im Besitz eines weiteren Ensemblemitglieds; von diesem 2014 durch den gegenwärtigen Eigentümer erworben.

TieWV 85 – Laute, 1696

Im Germanischen Nationalmuseum, Nürnberg, wurden Röntgenaufnahmen dieses Instruments erstellt (Abb. 31a, b). In der Seitenansicht erscheinen die unteren Balken übermäßig stark; dies ist auf die hier schräge Ausrichtung der Röntgenstrahlen zurückzuführen.

Bemerkenswert ist – neben den sechs über die ganze Breite der Decke laufenden Balken – die große Zahl der fächerförmig angeordneten kleinen Leisten zur Seite und unterhalb des Steges: drei auf der Bassseite und vier auf der Diskantseite.

TieWV 98 – Viola da gamba, 1697

Das im Museum für Hamburgische Geschichte ausgestellte Instrument ist Eigentum des Museums für Kunst und Gewerbe Hamburg. Es wurde 1940 aus dem Besitz des Hamburger Cellisten Erwin Grützbach im Tausch gegen die »Viola bastarda« mit Zettel »Egidius Kloz« erworben.[29]

Das Museum für Kunst und Gewerbe besitzt wie auch das Musikhistorisk Museum in Kopenhagen den umfangreichsten Bestand an Instrumenten der Werkstatt Tielke und sicherlich einen der qualitätsvollsten überhaupt.

TieWV 100 – Gitarre, 1698

Das Instrument wurde in der Auktion vom 31.10.2012 bei Bonhams, London, Knightsbridge, verkauft (Lot 11). Der gegenwärtige Eigentümer ist nicht bekannt.

TieWV 113 – Viola da gamba, 1700

Sie befindet sich seit 2012 in Brüsseler Privatbesitz.

TieWV 130 – Fragment einer Viola da gamba, 1702

2019 durch Reinhard Fischer rekonstruiert und komplettiert zu einem kleinen Bass-Instrument.

TieWV 133 – Gitarre, 1703

Das Instrument wurde 2012 vom Teatermuseum Kopenhagen dem Musikhistorisk Museum og Carl Claudius' Samling in Kopenhagen übergeben.

TieWV 148 – Viola da gamba, 1705

Das Instrument ist jetzt in Hamburger Privatbesitz.

TieWV 160 – Viola da gamba, 1717

In den Saitenhalter sind zwei Perlmuttmedaillons eingelassen, die Spieler einer Viola da gamba (Abb. 32 auf der nächsten Seite) bzw. einer Oboe darstellen. PILIPCZUK 2012[28] bildet die Zeichnung eines Gambenspielers von gewisser Ähnlichkeit (Abb. 33 auf der nächsten Seite) ab – weniger gilt dies für die Darstellung des Oboenspielers. Quelle der Zeichnungen ist das »Musterbuch eines hamburgischen Glasmalers der zweiten Hälfte des 17. Jahrhunderts«.[30] Gibt es eine Verbindung zwischen dem Glasmaler und dem Permuttschneider?

ANMERKUNGEN

1 VOGEL 2018.

2 KRÜGER 1933, S. 222.

3 Die Musiker sind gut für ihre Dienste entlohnt worden. Nach dem Kaufkraft-Multiplikator von Ahrens (Zs. d. Vereins für Lübeckische Gesch. 84, 2004) würden 180 Mark heute ca. 4600 Euro entsprechen (freundl. Mitteilg. Dr. Ralf Wiechmann, Museum für Hamburgische Geschichte).

4 GH 1980, S. 57.

5 FBH 2011, S. 29, Anm. 31.

6 FBH 2011, S. 253.

7 FBH 2011, S. 252, 253.

8 KRÜGER 1933, S. 59.

9 FoMRHI 1998.

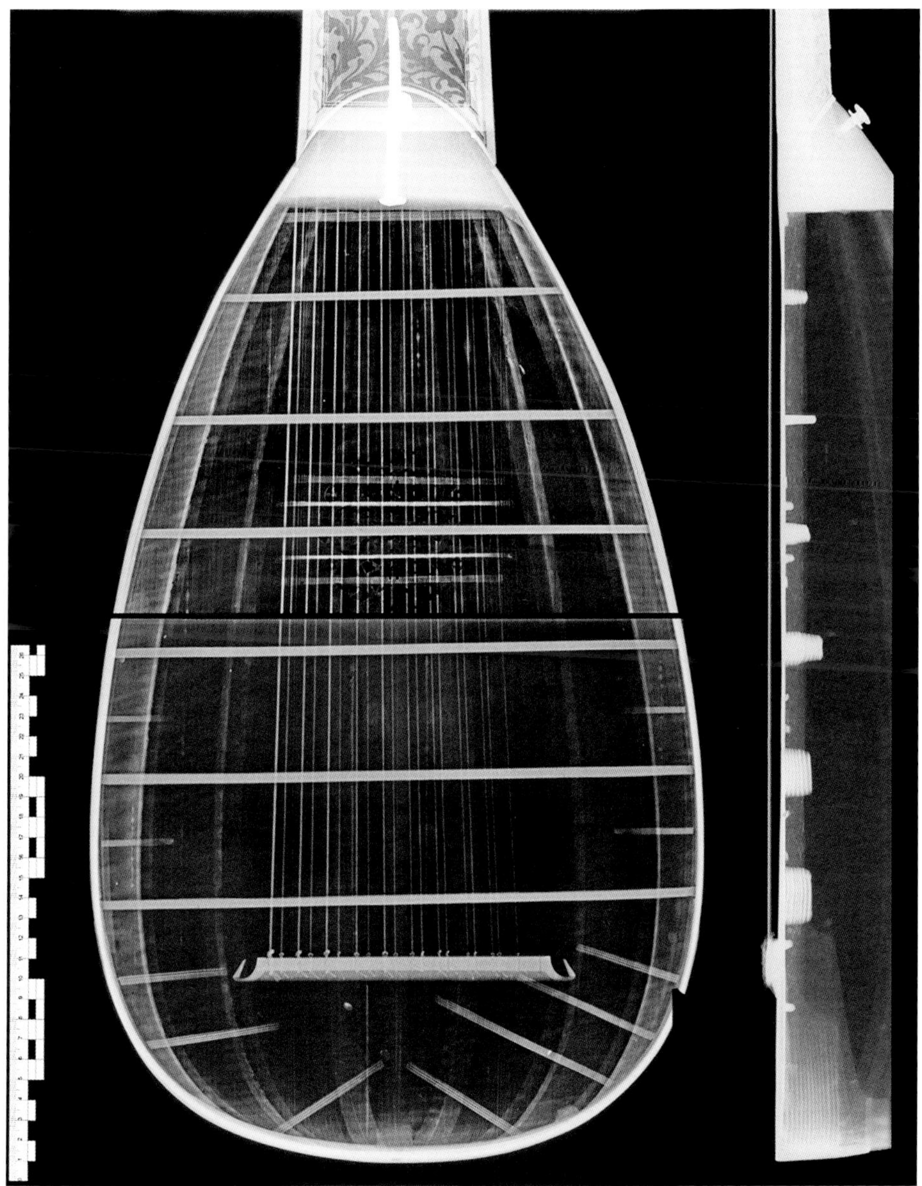

Abb. 31a, b Laute TieWV 85: Röntgenaufnahmen frontal und seitlich

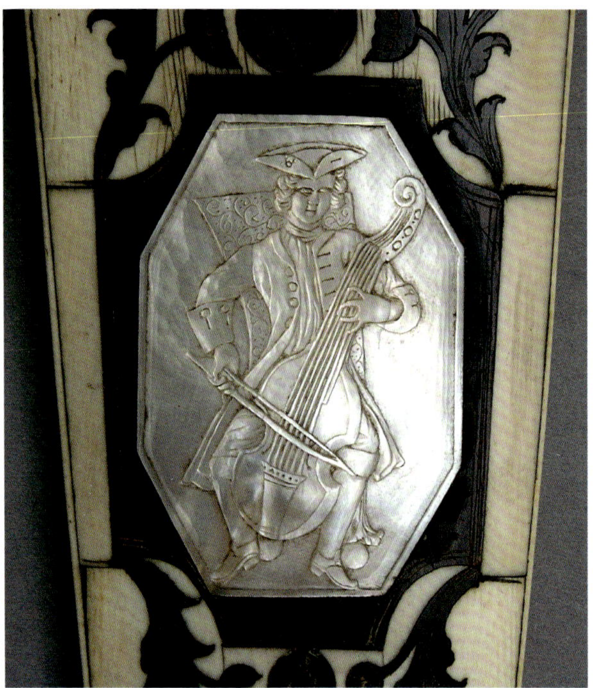

Abb. 32 TieWV 160: Detail des Saitenhalters der Viola da gamba

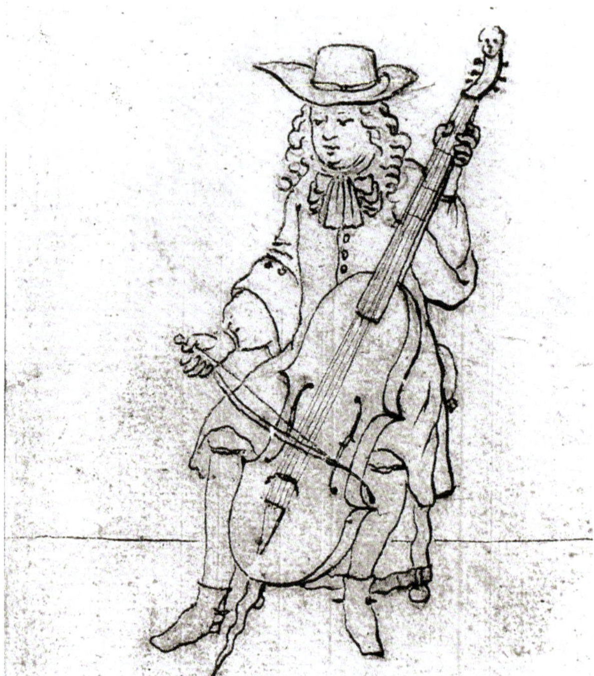

Abb. 33 Darstellung eines Musikers im Musterbuch eines
hamburgischen Glasmalers der zweiten Hälfte des 17. Jahrhunderts

10   Siehe das Verzeichnis S. 73–79.
11   Herzlichen Dank an Dr. Markus Zepf, Leipzig, für einen Auszug
     aus der Akte.
12   FBH 2011, S. 26, 27.
13   Staatsarchiv Hamburg, Nr. 108 in A 710/0062. Vollständig
     abgedruckt bei GRAPENTHIN 2020.
14   GH 1980, S. 31; dort ist das Staatsarchiv Hamburg als Eigentümer
     des Druckes angegeben.
15   FBH 2011, S. 70.
16   Eine Suchanzeige im Galpin Society Newsletter May 2019, S. 16,
     mit der Bitte, der gegenwärtige Eigentümer möge sich melden,
     ist ohne Erfolg geblieben.
17   FBH 2011, S. 61.
18   FESTSCHRIFT 2018, S. 115–119.
19   Die Köpfe auf Instrumenten unterschiedlicher Art von Johann
     Christian Hoffmann in Leipzig sind in FBH 2011, S. 39, 41,
     angesprochen worden.
20   FBH 2011, S. 87/88, 418.
21   FBH 2011, S. 88.
22   Inv.-Nr. E 1251.
23   Dank an Geigenbaumeister Reinhard Fischer für den Hinweis auf
     diese Textstellen in: British Violin Making Association (Hrsg.),
     *The British Violin, The Catalogue of the 1998 Exhibition »400 Years
     of Violin & Bow Making in the British Isles«*, Oxford 2000, S. 14. –
     Der hier zitierte Text entnommen aus: PEPYS 1663.
24   Inv.-Nr. LDRCM.2019.2.1. – Im Katalog der Auktion bei
     Christie's 1990 wird das Gemälde Nathaniel Dance-Holland
     (1735–1811) zugeschrieben und eine Mrs. Wells als dargestellte
     Person angegeben. Bei Doyle's (25.1.2017, Lot 40) wird es
     als *English School 18th Century A Lady Holding a Small Viol*
     geführt. Der jüngste Vorbesitzer, Alan Rubin, schreibt es Johann

Friedrich August Tischbein (1750–1812) auf der Grundlage eines
detaillierten Vergleichs mit elf weiteren Porträts dieses Malers zu.
25   Siehe auch FH 2019.
26   S. 251, 253.
27   Freundliche Mitteilung Klaus Martius, Nürnberg.
28   S. 131, Abb. 14.
29   Hans Schröder, *Museum für Hamburgische Geschichte. Verzeichnis
     der Sammlung alter Musikinstrumente.* Hamburg 1930, S. 30,
     Inv.-Nr. 1921.99. Eine Leihgabe des Museums für Kunst und
     Gewerbe seit 1921. – Freundl. Mitteilung Olaf Kirsch, Museum
     für Kunst und Gewerbe, Hamburg.
30   Museum für Kunst und Gewerbe Hamburg, Graphische Samm-
     lung, Inv.-Nr. E 1889.323r.

ABGEKÜRZT ZITIERTE LITERATUR

FBH 2011
Friedemann und Barbara Hellwig, *Joachim Tielke. Kunstvolle
Musikinstrumente des Barock.* Berlin/München 2011.

FESTSCHRIFT 2018
Eszter Fontana, Klaus Martius, Markus Zepf (Hrsg.), *Hinter den Tönen.
Musikinstrumente als Forschungsgebiet. Festschrift für Friedemann
Hellwig zu seinem 80. Geburtstag.* Nürnberg (Germanisches
Nationalmuseum) 2018.

FH 2019
Friedemann Hellwig, *Joachim Tielke – viele Fragen, wenige Antworten,*
in: Yves Balmer, Alban Framboisier, Fabien Guilloux, Catherine Massip
(Hsg.), Musiques –Images – Instruments. Mélanges en l'honneur de
Florence Gétreau. Turnhout 2019, S. 433–442.

FoMRHI 1998
Jan Bouters, *The Inventory of the Musical Instruments of Michel Charles Le Cene (1743)*, in: FoMRHI (Fellowship of Makers and Restorers of Historical Instruments) Quarterly, no. 90, Januar 1998, Comm. 1552, S. 18.

GH 1980
Günther Hellwig, *Joachim Tielke. Ein Hamburger Lauten- und Violenmacher der Barockzeit* (= Fachbuchreihe »Das Musikinstrument«, Bd. 38), mit hrsg. vom Museum für Kunst und Gewerbe Hamburg. Frankfurt/Main 1980.

GRAPENTHIN 2020
Ulf Grapenthin (Hrsg.), *Der Katharinenorganist Heinrich Scheidemann und der Kantor Thomas Selle – zum 350. Todesjahr zweier bedeutender Hamburger Komponisten des 17. Jahrhunderts. Bericht über das gleichnamige Symposion vom 5. bis 8. September 2013 in Hamburg.* In Vorbereitung.

KRÜGER 1933
Liselotte Krüger, *Die Hamburgische Musikorganisation im 17. Jahrhundert.* Straßburg 1933.

PEPYS 1663
Samuel Pepys Diary, Complete, The complete Diary, Styled by LimpidSoft (www.limpidsoft.com/ipad8/samuelpepys.pdf, Zugriff 17.07.2019).

PILIPCZUK 2012
Alexander Pilipczuk, *Der Musikinstrumentenbau in der Hansestadt Hamburg bis 1799*, in: Musik – Stadt. Traditionen und Perspektiven urbaner Musikkulturen. Bericht über den XIV. Internationalen Kongress der Gesellschaft für Musikforschung vom 28.9. bis 3.10.2008 am Institut für Musikforschung der Universität Leipzig. Bd. 2: Musik als Agens urbaner Lebenswelten: Musiksoziologische, musikethnologische und organologische Perspektiven, hrsg. von Sebastian Klotz. Leipzig 2012, S. 102–147.

VOGEL 2018
Harald Vogel, *Programmeinführung* […], Lübeck, St. Jakobi, 16.09.2018; *Eine Buxtehude-Sonate nach Bertali*, in: Mitteilungen der Viola-da-Gamba-Gesellschaft, Nr. 109 (Herbst 2018), S. 12–14.

BILDNACHWEIS

Abb. 16, 18–26, 29: Friedemann Hellwig
Abb. 17: Günther Hellwig
Abb. 27: Klaus Martius
Abb. 28: Germanisches Nationalmuseum, Nürnberg, Klaus Martius
Abb. 30 aus: PILIPCZUK 2012, S. 131, Abb. 14

Micha Beuting und Peter Klein

Dendrochronologische Untersuchungen an Musikinstrumenten von Joachim Tielke

Die Dendrochronologie hat in der Kunstwissenschaft als fundiertes Untersuchungsverfahren im Rahmen der zeitlichen und kunsthistorischen Einordnung von Holzobjekten wie Tafelbildern oder Musikinstrumenten seit den 1980er Jahren zunehmend an Bedeutung gewonnen. Diese Methode wird angewendet, um nicht signierte Werke zu bestimmen oder die Unterscheidung zwischen Original, Kopie und Fälschung zu ermöglichen. In manchen Fällen entscheidet der dendrochronologische Ansatz darüber, wohin ein Kunstwerk zuzuordnen ist. Die Ergebnisse von Datierungen sind für die Untersuchung der Werke eines Malers oder Instrumentenbauers bzw. deren Werkstätten von grundlegender Bedeutung. Die Praxis zeigt, dass neben einer Datierung der Objekte mittels Jahrringkurven weitere Aussagen von größtem wissenschaftlichen Interesse sein können: Die Bestimmung der regionalen Herkunft des Werkstoffes Holz und vor allem eine Identifizierung derjenigen zum Instrumentenbau bzw. zur Erstellung von Gemäldetafeln verwendeten Holzteile, die aus demselben Baumstamm gefertigt wurden.

Bereits 1958 zeigten Werner Lottermoser und Jürgen Meyer erste Ansätze für relative dendrochronologische Vergleiche an Musikinstrumenten, die aber noch nicht zu absoluten Datierungen führten.[1] Auch Elio Corona und Fritz Hans Schweingruber befassten sich mit Datierungsfragen an den Decken von Streichinstrumenten.[2] Erst durch die von Friedemann Hellwig angeregten und tatkräftig unterstützten systematischen Untersuchungen am Germanischen Nationalmuseum in Nürnberg konnten neue Erkenntnisse und Datierungen erreicht werden;[3] diese Forschungen wurden durch Micha Beuting fortgesetzt.[4] Mittlerweile werden dendrochronologische Untersuchungen an Musikinstrumenten weltweit durchgeführt.[5] Vor allem bei einer systematischen Untersuchung des Werkes einzelner Meister können wichtige Einblicke in Arbeitsweisen, Beziehungen von Werkstätten untereinander oder Schüler- und Lehrerverhältnisse in Werkstätten gewonnen werden.[6]

Voraussetzung für eine Jahrringanalyse ist das Erkennen und die Abgrenzung jedes einzelnen Jahrringes, der jedoch in unterschiedlichen Mustern vorkommt. Dabei besteht beim Nadelholz der Instrumentendecken ein Jahrring aus dem hellen Früh- und dem dunkleren Spätholz, wobei die Jahrringgrenzen jeweils an dem schroffen Wechsel zwischen dem Spätholz des einen Jahres zum Frühholz des folgenden Jahres zu erkennen sind. Allerdings ist zu beachten, dass es bei Nadelholz aufgrund von klimatischen Einflüssen auch zum Ausfall von Jahrringen oder zu falschen Jahrringen kommen kann. Gleichzeitig ist es notwendig, das Jahrringwachstum innerhalb eines Baumes näher zu betrachten, um Aussagen über die Zugehörigkeit von mehreren Brettern zu einem einzigen Baum zu erlauben. Bei exzentrischem Wuchs führt nämlich die Messung der Jahrringe an verschiedenen Stellen einer Baumscheibe zu unterschiedlichem Kurvenverlauf, und die Kurven, für sich betrachtet, lassen nicht erkennen, dass es sich um denselben Baum handelt.

Um eine Differenzierung innerhalb des verwendeten Nadelholzes vorzunehmen, ist meist eine mikroskopische Untersuchung notwendig, die sich üblicherweise auf die Bestimmung zwischen Fichtenholz und Tannenholz beschränken kann.[7] Eine makroskopische Unterscheidung zwischen Fichte und Tanne ist in Einzelfällen möglich, wenn sich Harzkanäle erkennen lassen. Die Tanne weist im Gegensatz zur Fichte normalerweise keine Harzkanäle auf. Untersuchungen ergaben, dass es sich bei den Instrumentendecken meist um Fichtenholz handelt, während beim Resonanzholz von Tasteninstrumenten sowie bei Decken von Violoncelli und Kontrabässen öfter auch Tannenholz gefunden wurde. Durch die Erstellung von datierten Regionalchronologien, die sich von den Alpen bis zum Erzgebirge erstrecken, ist es nun möglich, undatiertes Holz zu datieren. Dabei lässt sich neben der Datierung auch die Herkunft des Holzes ziemlich genau eingrenzen. Ziel der Untersuchung ist zunächst, den jüngsten Jahrring der Instrumentendecken jahrgenau zu datieren, um so Hinweise auf das Fälldatum des Baumes zu bekommen. Anschließend ist zu klären, wie viele Jahrringe bei der Bearbeitung der Decke entfernt wurden und ob das Splintholz mitverwendet wurde. Größtes Interesse gilt der Frage, wie lange das Holz bis zur Herstellung der Decke gelagert wurde.

Über die Mitverwendung von Splintholz für die Herstellung einer Instrumentendecke gehen die Meinungen auseinander: Michály Bariska berichtet von der sorgfältigen Entfernung des Splintes, Rudolf Ille dagegen empfiehlt dessen Verwendung nach einer Wasserbehandlung, welche die akustischen Eigenschaften verbessern soll.[8] Zum entgegengesetzten Ergebnis kommt Konrad Leonhardt;[9] bis heute lassen sich weitere Beispiele für beide Positionen in Literatur und Praxis finden.

Betrachtet man aus holzbiologischer Sicht die Bildung von Splint- und Kernholz bei der Fichte, lässt sich die Anzahl der Splintholzjahrringe auf 35 bis 65 Jahrringe eingrenzen. Eine optische Differenzierung von Splint- und Kernholz ist lediglich im saftfrischen Zustand möglich. Im Allgemeinen versteht man unter Splintholzjahrringen die äußeren Jahrringe eines Baumes, die sich oft farblich vom Kernholz unterscheiden und eine wasserleitende Funktion besitzen. Im engeren biologischen Sinne sind es alle Jahrringe, die noch lebende Zellen aufweisen. Bei getrocknetem Fichtenholz lässt sich dies nur durch Färbereagenzien einwandfrei nachweisen. An Stichproben konnte dabei die Verwendung von Splintholz bei Decken von Musikinstrumenten nachgewiesen werden. Weiterhin zeigt sich die Verwendung von Splintholz auch daran, dass zwischen dendrochronologischer Datierung und musikhistorischer Einordnung die Differenz meist kleiner ist als die Anzahl der Splintholzjahrringe.

Aus Datierung und Einordnung allein kann die genaue Lagerzeit von Tonholz ohne zusätzliche Informationen des Einschlagjahres nicht ermittelt werden. In der Literatur finden sich für die Lagerzeit und Trockenzeit von Tonholz keine einheitlichen Aussagen. Während Rudolf Ille Angaben von Geigenbauern mit 50 Jahren und mehr zitiert,[10] beschränkt sich André Roussel auf den Hinweis »viele Jahre gelagertes Holz«;[11] Richard Weich und Walter Wolf Windisch wiederum nennen sechs bis acht Jahre als Lagerzeit.[12] Bei einem Vergleich zwischen musikhistorischer und dendrochronologischer Datierung von Decken der Instrumente des Geigenbauers Giuseppe Guarneri (1698–1744) ergaben sich Werte zwischen drei und acht Jahren,[13] wobei zu berücksichtigen ist, dass die Jahresdifferenz sowohl die Lagerdauer des Holzes als auch die im Einzelfall nicht genau bestimmbaren abgetrennten Jahrringe beinhaltet.

Material und Methoden

Der im Rahmen der hier vorgelegten Untersuchung verwendete Datenbestand umfasst circa 200 Jahrringchronologien (lange Vergleichskurven), die nach geografischer Herkunft, Holzart und Höhenlage unterschieden werden. Für die Kreuzvergleiche der an den Instrumentendecken gemessenen Jahrringsequenzen wurden etwa 4.700 Einzelinstrumentenkurven aus dem Datenbestand von Micha Beuting verwendet, die einen Zeitbereich von etwa 1100 n. Chr. bis heute abdecken.

Nachdem sich Friedemann Hellwig zusammen mit seiner Frau Barbara im Zuge einer Neuauflage von Günther Hellwigs Buch über Joachim Tielke[14] erneut intensiv mit dessen Musikinstrumenten auseinandersetzten, soll hier schwerpunktmäßig auf die Datierungen dort beschriebenen Instrumente eingegangen werden. Da auf die dendrochronologischen Daten des

2011 erschienenen Tielke-Bands zurückgegriffen wird, bietet dieser Aufsatz die willkommene Gelegenheit, die Untersuchungsergebnisse detailliert darzustellen, zumal sich bei einem Instrument Korrekturen ergaben. Die untersuchten und datierten Instrumentendecken werden jeweils mit ihrer Datierung genannt, die Ergebnisse des Kreuzvergleichs mit weiteren Instrumentenkurven in wenigen Einzelfällen dargestellt und kurz erläutert.[15]

Zur Datierung der Hölzer wurden verschiedene statistische Kenngrößen wie die *Gleichläufigkeit*, die *Signifikanz der Gleichläufigkeit*, der *t-Wert* sowie für die Dendrochronologie angepasste t-Wert-Berechnungen nach Baillie-Pilcher und nach Hollstein herangezogen.[16] Zur statistischen Auswertung wurde das Programm TSAPWin Scientific 4.64 der Firma Rinntech verwendet. Die jeweils gebildeten Jahrringkurven wurden statistisch und optisch mit den Referenzchronologien und den Kurven der Einzelinstrumente verglichen.

Ein Kreuzvergleich mit Jahrringsequenzen von Einzelinstrumenten[17] dient zum einen dazu, die mit Hilfe der Chronologien erfolgte Datierung des Holzes zu bestätigen und zum anderen, bei hinreichender Übereinstimmung der verglichenen Kurven, Hinweise auf die Herkunft des Holzes oder in Einzelfällen auf die Urheberschaft des untersuchten Instruments zu ermöglichen. Die Interpretation dieser Ergebnisse sollte jedoch immer in enger Abstimmung zwischen Dendrochronologen und Organologen erfolgen, um falsche Deutungen zu vermeiden.

Im Falle von Deckenteilen aus demselben Stamm wurden für die durchgeführten Kreuzvergleiche auch die aus den Einzelsequenzen gebildeten Mittelkurven verwendet. Um eine eventuelle Herkunft verschiedener Deckenteile aus demselben Stamm festzustellen, wurden die von Beuting 2004 aufgestellten Kriterien herangezogen:[18]

- t-Wert >8,0<;
- Gleichläufigkeit >70 %;
- Signifikanz 99,9 %;
- optisch ähnlicher Kurvenverlauf;
- gleiche Minima und Maxima der Kurven;
- annähernd gleiche Anfangs- bzw. Endjahre der Kurven;
- ähnliche Jahrringbreiten;
- ein Überlappungsbereich von mindestens 70 Jahren.

Für die Einzelbesprechungen der untersuchten Instrumente Tielkes seien folgende Hinweise gegeben:

Zuschreibung: Diese Daten basieren auf den Instrumentenzetteln oder der Zuschreibung durch die Besitzer, die nicht auf ihre Richtigkeit geprüft wurden.

Besitzer: gibt die Eigentums- bzw. Besitzverhältnisse zum Zeitpunkt der dendrochronologischen Untersuchung an (bei Museen und öffentlichen Sammlungen mit Inventarnummer).

Teil: gibt an, um welches Teil der Decke es sich handelt: B = Bass, T = Diskant, I = einteilige Decke, M = Mittelteil, MK = Mittelkurve, RB = Resonanzboden.

Datierung (AJR) enthält die Datierung des jeweiligen Teils mit dem ältesten und jüngsten gemessenen Jahrring, in Klammer die Anzahl der untersuchten Jahrringe (AJR).

+/-: gibt den Grad der Übereinstimmung an.[19]
In den nachfolgenden Vergleichen wird in den Spalten von links nach rechts die folgende Information gegeben, deren einzelne Werte hier kurz erläutert werden:

»Sample« bezeichnet die Nummer der ersten Kurve, »Ref.« (Reference) gibt die Bezeichnung der Vergleichskurve an. »PosL« und »PosR« (Position) gibt die Lage des ersten (PosL) bzw. letzten (PosR) Jahrrings der ersten Kurve bezogen auf die Vergleichskurve an. In der Spalte »OVL« (Overlap) ist die Anzahl der sich überlappenden Jahrringe angegeben, »Glk« gibt die Gleichläufigkeit der verglichenen Kurven bezogen auf den Überlappungsbereich in Prozent an.

Zur Berechnung der Gleichläufigkeit wird zunächst die Steigung der zwei Reihen für jedes Jahresintervall digitalisiert, wobei der Wert 1 für eine Steigung, der Wert −1 für eine fallende Kurve und 0 für keine Steigung gesetzt wird. Anschließend werden die resultierenden Zeitreihen der digitalisierten Steigungswerte beider Datensätze verglichen. Die Anzahl der übereinstimmenden Werte wird durch die Anzahl der überlappenden Werte geteilt und mit 100 multipliziert, um einen Prozentwert zu erhalten.

Die statistische Signifikanz des Gleichläufigkeitswertes (GSL) wird dabei in drei Ebenen eingeteilt, die sich nach ECKSTEIN und BAUCH 1969 folgendermaßen berechnen:

$$* = 95\,\% : 50 + \frac{1{,}645 \cdot 50}{\sqrt{Überlappung}}$$

$$** = 99\,\% : 50 + \frac{2{,}326 \cdot 50}{\sqrt{Überlappung}}$$

$$*** = 99{,}9\,\% : 50 + \frac{3{,}09 \cdot 50}{\sqrt{Überlappung}}$$

Weiter werden der »TVBP« (t-value Baillie-Pilcher) und der »TVH« (t-value Hollstein) angegeben, die die t-Werte nach den jeweiligen Berechnungsvorschlägen von BAILLIE/PILCHER (1973) und HOLLSTEIN (1980) bezeichnen. Die Spalte »CDI« (crossdateindex) enthält den Datierungsindex, eine rechnerische Größe, die die Gleichläufigkeit und die berechneten t-Werte miteinander kombiniert (RINN 1989):

$$CDI = (Glk + GSL - 100) \cdot \frac{(TBP + TH)}{2}$$

In den Spalten »DateL« und »DateR« befinden sich schließlich das Anfangsjahr bzw. das Endjahr der ersten Kurve, basierend auf den eingegebenen Datierungen der Vergleichskurve.

Abb. 1 TieWV 18: Darstellung der Jahrringkurven der Diskantseite (TieWV018T – schwarz) und der Bassseite (TieWV018B – rot)

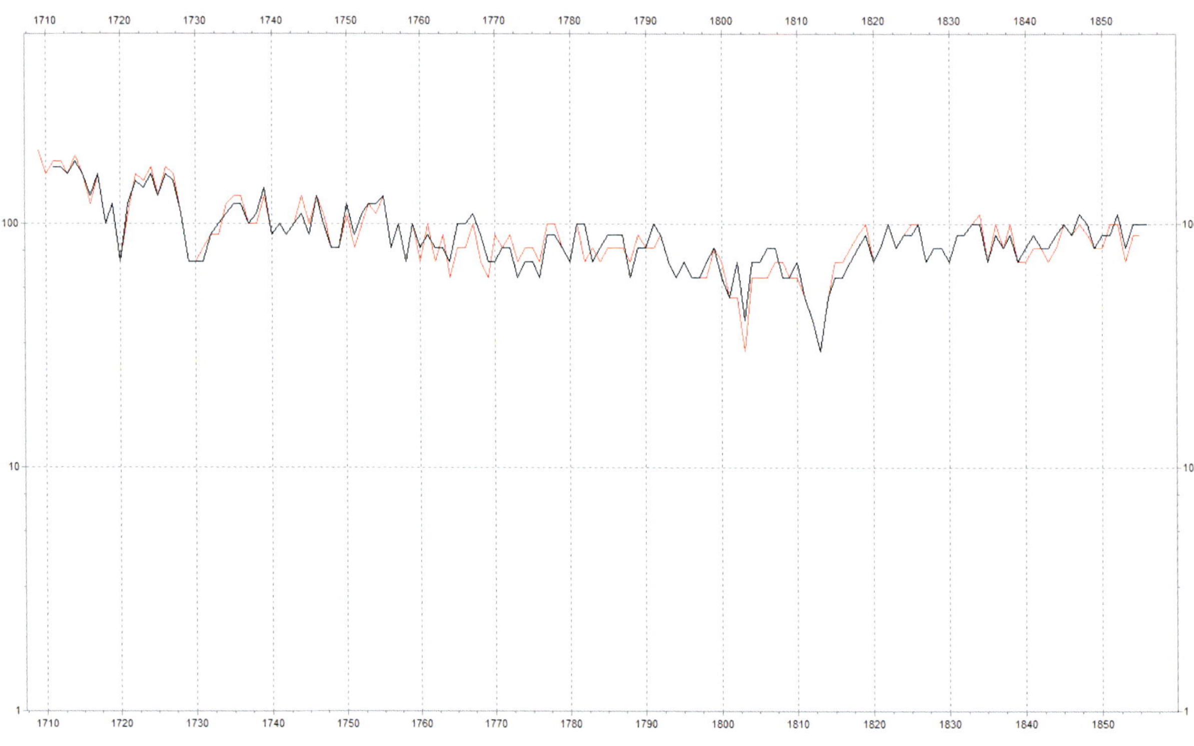

Sample	Reference	OVL	Glk	GSL	TV	TVBP	TVH	CDI	Date L	Date R
TieWV018T	TieWV018B	145	88	***	38,2	16,2	19,9	159	1711	1856

Die einzelnen Untersuchungen

TieWV 18 – Theorbe, ursprünglich Laute (?), um 1678
(FBH 2011, S. 115)
Berlin, Musikinstrumenten-Museum, Kat.-Nr. Hz 1290 –
2000103 / Abb. 1

Bei der zweiteiligen Decke wurden auf der Diskantseite 146 Jahrringe und auf der Bassseite 147 Jahrringe gemessen. Die besten Übereinstimmungen ergaben sich bei der Diskantseite zwischen 1711 und 1856, bei der Bassseite zwischen 1709 und 1855 mit dem jüngsten Jahrring 1856. Beide Deckenhälften zeigen statistisch und optisch sehr gute Übereinstimmungen, was die Vermutung nahelegt, dass beide Deckenhälften aus demselben Stamm gearbeitet sind.

Friedemann und Barbara Hellwig gehen davon aus, dass die Decke nicht die ursprüngliche ist, sondern durch Peter Harlan im Zuge der Reparaturen im Jahr 1936 ersetzt wurde.[20] Dies wird durch die dendrochronologische Datierung bestätigt, zumal das verwendete Fichtenholz sehr gute Übereinstimmung mit Hölzern zeigt, die von Mitgliedern der Familie Hopf verwendet wurden, was auch eine vergleichbare Herkunft der Hölzer aus dem Bereich Markneukirchen/Vogtland erklärt.

TieWV 37a – Baryton, um 1685
München, Münchner Stadtmuseum, Inv.-Nr. 44-87 –
2001402 / Abb. 2

Bei der dreiteiligen Decke wurden auf der Diskantseite 181 Jahrringe, auf dem Mittelstück 60 Jahrringe und auf der Bassseite 166 Jahrringe gemessen. Die besten Übereinstimmungen ergeben sich bei der Diskantseite zwischen 1426 und 1606 und bei der Bassseite zwischen 1485 und 1650 mit dem jüngsten Jahrring 1650. Die Diskant- und Bassseite zeigen statistisch und optisch sehr gute Übereinstimmungen, was die Einschätzung nahelegt, dass diese beiden Deckenteile aus demselben Stamm gearbeitet sind. Das Mittelstück konnte wegen der geringen Anzahl von Jahrringen nicht datiert und deshalb auch nicht zugeordnet werden.

Abb. 2 TieWV 37a: Darstellung der Jahrringkurven der Diskantseite (TieWV037aT – rot) und der Bassseite (TieWV037aB – schwarz)

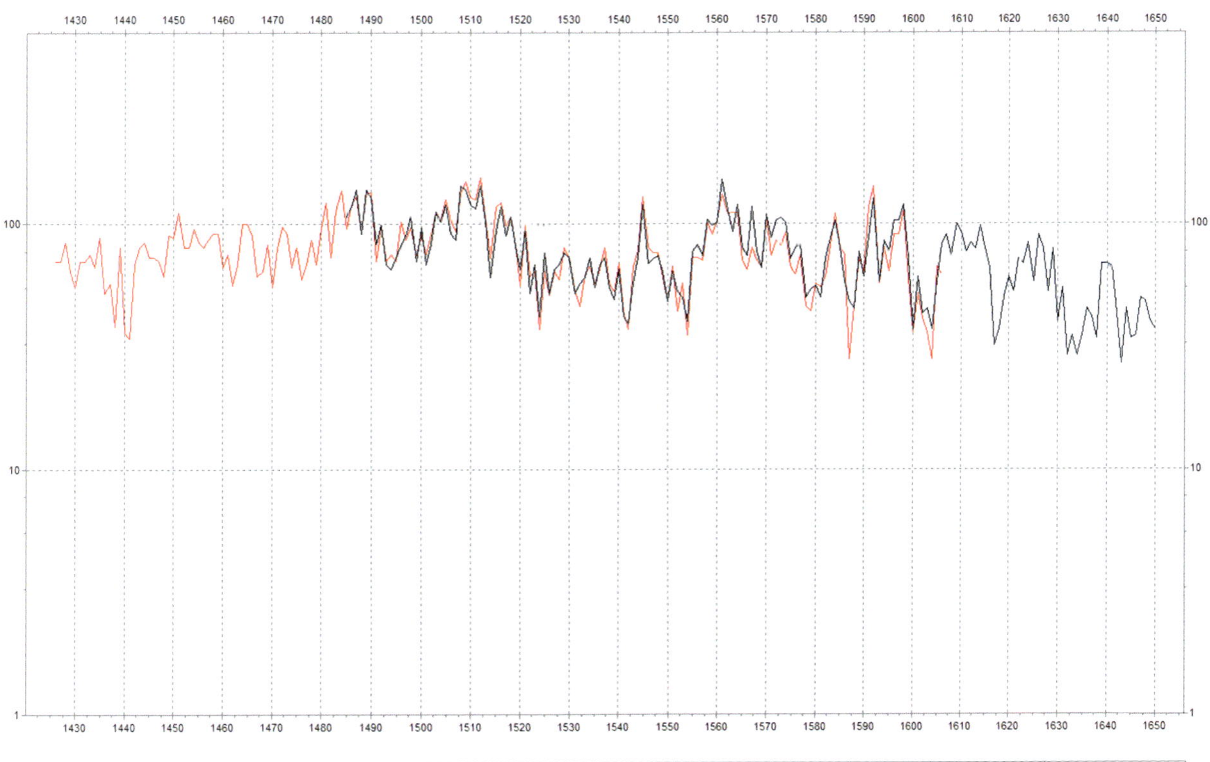

Sample	Reference	OVL	Glk	GSL	TV	TVBP	TVH	CDI	Date L	Date R
TieWV037aB	TieWV037aT	122	85	***	29,2	20,3	18,3	150	1485	1650

Abb. 3 TieWV 55: Jahrringkurven der Diskantseite /(TieWV055T – rot) und der Bassseite (TieWV055aB – schwarz)

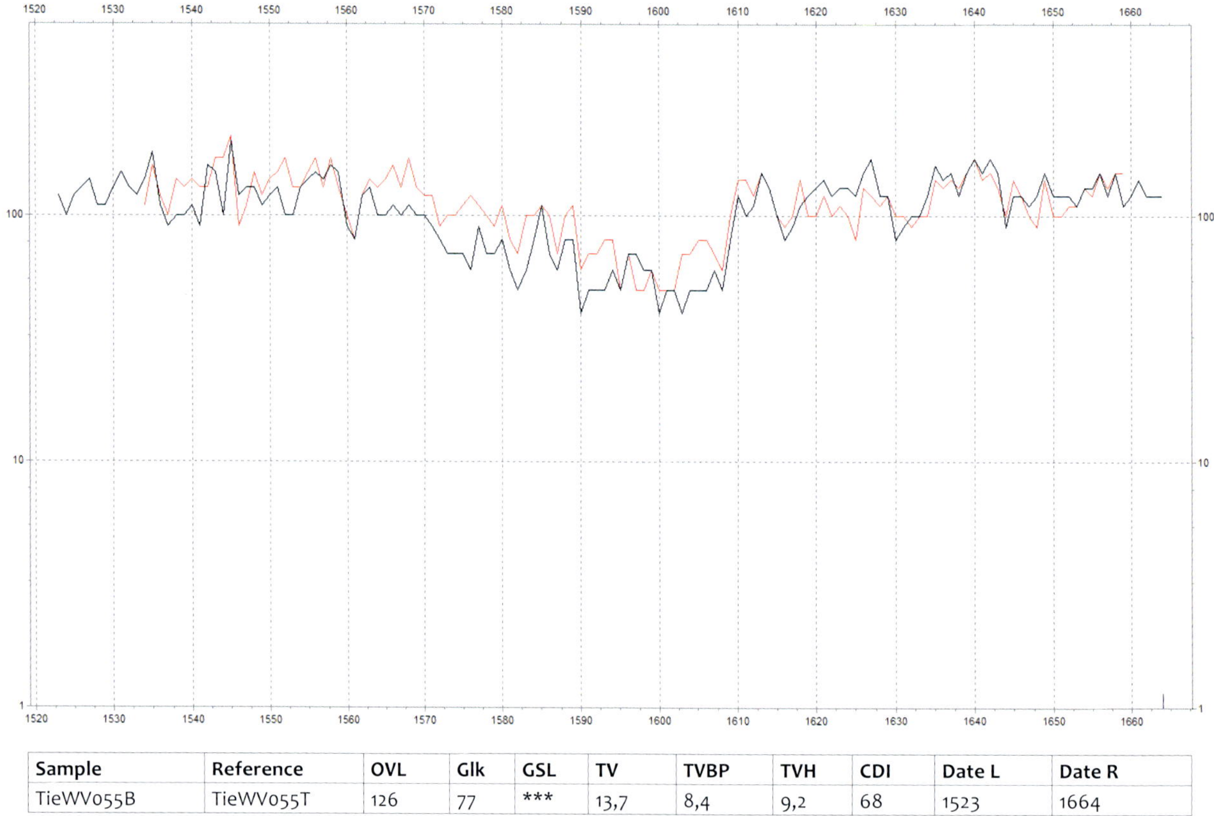

Sample	Reference	OVL	Glk	GSL	TV	TVBP	TVH	CDI	Date L	Date R
TieWV055B	TieWV055T	126	77	***	13,7	8,4	9,2	68	1523	1664

TieWV 55 – Viola da gamba, 168(?)9 (FBH 2011, S. 284)
Hamburg, Museum für Kunst und Gewerbe,
Inv.-Nr. 1921.96 – 2001002 / Abb. 3

Bei der zweiteiligen Decke wurden auf der Diskantseite 126 Jahrringe und auf der Bassseite 142 Jahrringe gemessen. Die besten Übereinstimmungen ergeben sich bei der Diskantseite zwischen 1534 und 1659 und bei der Bassseite zwischen 1523 und 1664 mit dem jüngsten Jahrring 1664. Beide Deckenhälften zeigen statistisch und optisch sehr gute Übereinstimmungen, was die Einschätzung nahelegt, dass beide Deckenhälften aus demselben Stamm gearbeitet sind.[21]

TieWV 60 – Viola da gamba, 1690 (FBH 2011, S. 287)
New York (USA), The Metropolitan Museum of Art,
Department of Musical Instruments,
Inv.-Nr. 89.4.965 – 2007602 / Abb. 4

Bei der dreiteiligen Decke wurden auf der Diskantseite 117 Jahrringe, auf dem Mittelstück 62 Jahrringe und auf der Bassseite 117 Jahrringe gemessen. Die besten Übereinstimmungen ergeben

sich bei der Diskantseite zwischen 1559 und 1675, auf dem Mittelstück zwischen 1603 und 1664 und bei der Bassseite zwischen 1552 und 1668 mit dem jüngsten Jahrring 1675. Alle drei Deckenteile zeigen statistisch und optisch sehr gute Übereinstimmungen, was die Einschätzung nahelegt, dass alle Deckenteile aus demselben Stamm gearbeitet sind. Für das Mittelstück sind nicht alle Kriterien voll erfüllt; aufgrund der guten optischen Übereinstimmung wird dennoch von der Herkunft aus einem einzigen Stamm ausgegangen.

Die durch Hellwigs trotz der Umbauten klare Zuordnung zu Tielke kann durch die sehr gute Übereinstimmung des Holzes mit der Gitarre TieWV 135 von Joachim Tielke aus dem Jahr 1703 im Museum für Kunst und Gewerbe Hamburg gestützt werden. Dies deutet auf eine sehr ähnliche Herkunft der verwendeten Hölzer hin.

Die Sequenzen des Deckenholzes zeigen Übereinstimmungen unter anderem mit den Kurven eines weiteren Instrumentes von Joachim Tielke:

Nr.	Instrument	Eigentümer	Teil	Datierung (AJR)	+/-
TieWV 135	Gitarre	Hamburg, Museum für Kunst und Gewerbe, Inv.-Nr. 1921.74	MK	1426–1650 (225)	++

Abb. 4 TieWV 60: Darstellung der Jahrringkurven der Diskantseite (TieWV060T – oben), des Mittelstücks (TieWV060M – mittig) und der Bassseite (TieWV060B – unten)

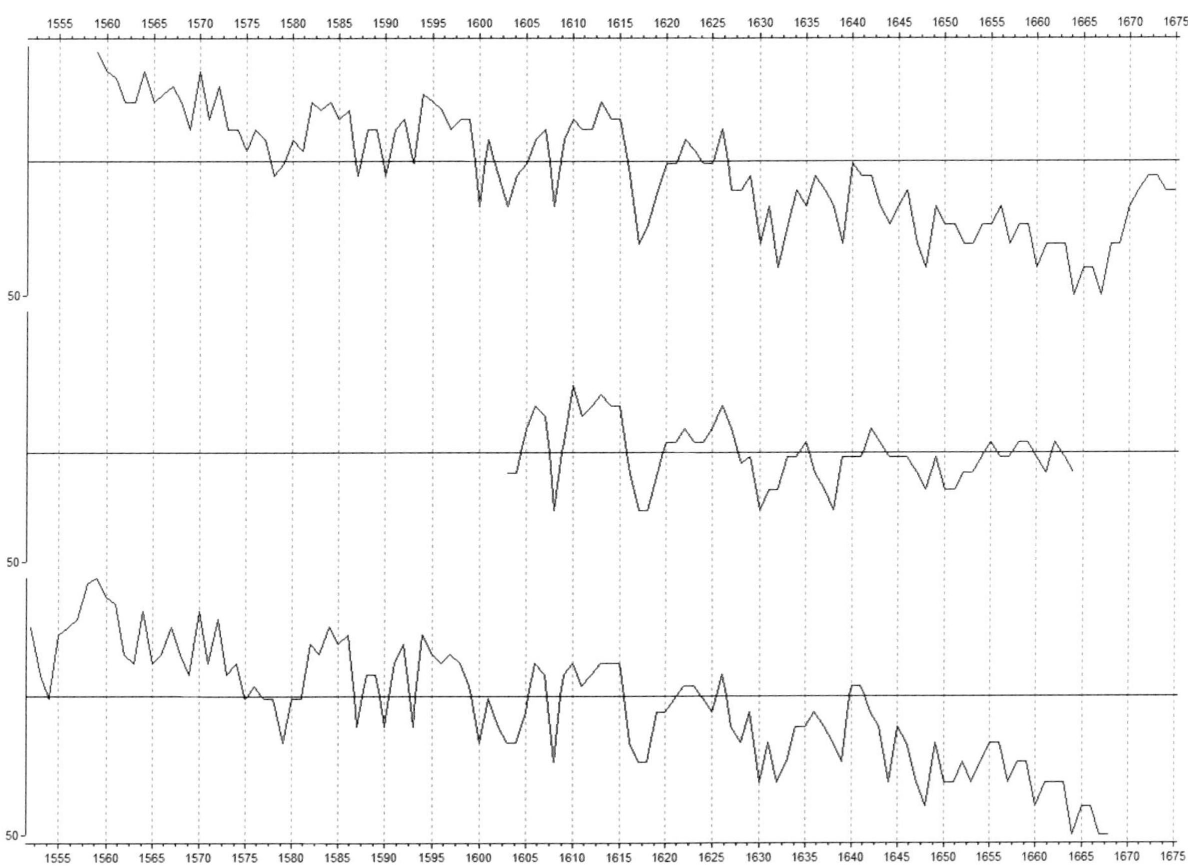

Sample	Reference	OVL	Glk	GSL	TV	TVBP	TVH	CDI	Date L	Date R
TieWV060B	TieWV060T	110	85	***	40,8	19,1	17,9	154	1559	1675
TieWV060M	TieWV060B	62	79	***	9,1	6,9	6,9	54	1603	1664

TieWV 61 – Violine, um 1690 (FBH 2011, S. 231)
New York, The Metropolitan Museum of Art,
Department of Musical Instruments,
Inv.-Nr. 1992.333 – 2007601 / Abb. 5
Bei der zweiteiligen Decke wurden auf der Diskantseite 139 Jahrringe und auf der Bassseite 135 Jahrringe gemessen. (Abb. 5). Die besten Übereinstimmungen ergeben sich bei der Diskantseite zwischen 1529 und 1667, bei der Bassseite zwischen 1524 und 1658 mit dem jüngsten Jahrring 1667. Beide Deckenhälften zeigen statistisch und optisch sehr gute Übereinstimmungen. Dies lässt vermuten, dass beide Deckenhälften aus demselben Stamm gearbeitet sind.

Friedemann und Barbara Hellwig beschreiben die Decke als dreiteilig,[22] während Günther Hellwig 1980 nicht auf die Anzahl der Deckenteile einging. Peter Kleins dendrochronologischer Bericht vom 8. März 1993 weist jedoch nur zwei Deckenteile aus, was auf dem zugehörigen Messblatt vermerkt ist. Vermutlich wurde die Angabe der Mittelkurve aus den beiden Deckenteilen von Hellwig (2011) als Mittelstück interpretiert; hier steht eine Klärung noch aus.

Die Sequenzen des Deckenholzes zeigen unter anderem Übereinstimmungen mit den Kurven zweier weiterer Instrumente Tielkes :

Nr.	Instrument	Eigentümer	Teil	Datierung (AJR)	+/–
TieWV 37a	Baryton	München, Stadtmuseum (Inv.-Nr. 44-87)	MK	1426–1650 (225)	++
TieWV 158	Viola da gamba	München, Deutsches Museum (Inv.-Nr. 41556)	B	1544–1700 (157)	+++

Abb. 5 TieWV 61: Darstellung der Jahrringkurven der Diskantseite (TieWV061T – schwarz) und der Bassseite (TieWV061B – rot)

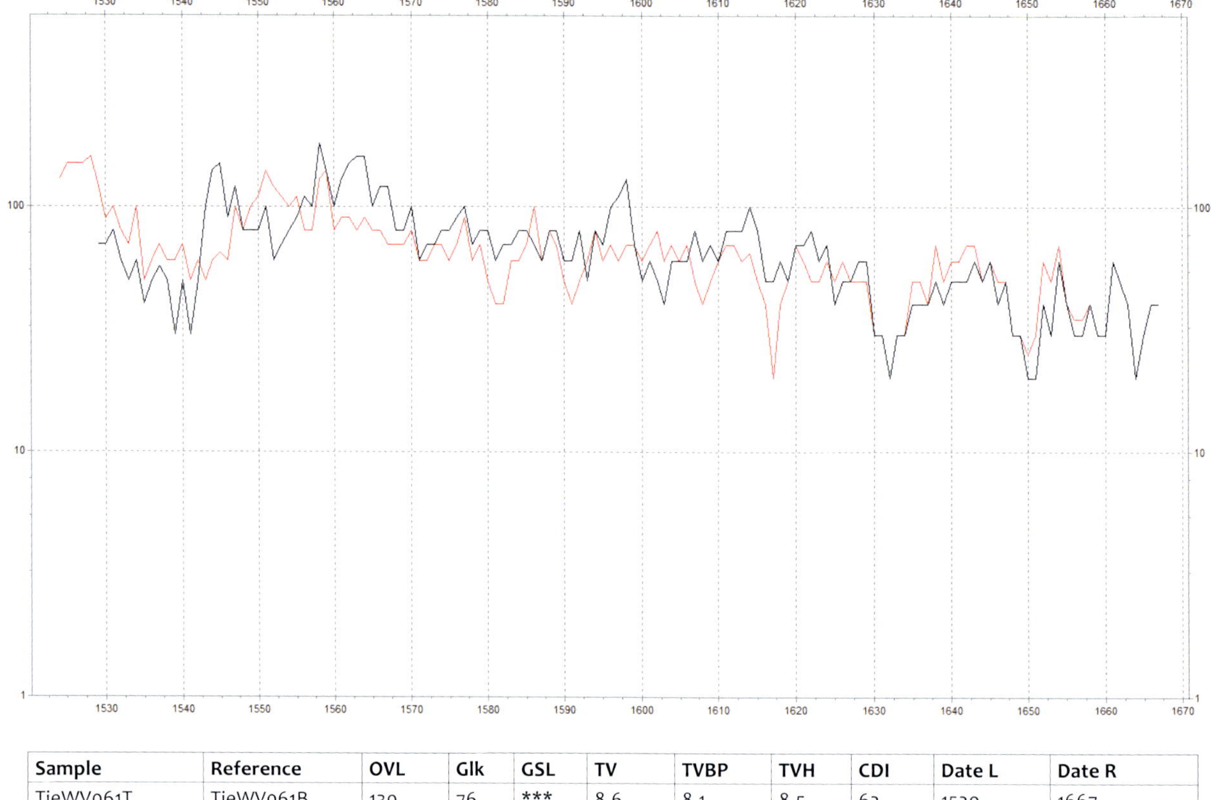

Sample	Reference	OVL	Glk	GSL	TV	TVBP	TVH	CDI	Date L	Date R
TieWV061T	TieWV061B	130	76	***	8,6	8,1	8,5	62	1529	1667

TieWV 84 – Viola da gamba, um 1695 (FBH 2011, S. 311, ohne Datierung)
Berlin, Musikinstrumenten-Museum, Kat.-Nr. 4654 – 2000102 / Abb. 6

Von der fünfteiligen Decke wurden drei Teile vermessen. Auf der Diskantseite fanden sich an einem Deckenteil 124 Jahrringe, an einem zweiten Teil 39 Jahrringe und auf der Bassseite 152 Jahrringe. Die besten Übereinstimmungen ergeben sich bei der Diskantseite zwischen 1567 und 1690 sowie zwischen 1643 und 1681 und bei der Bassseite zwischen 1535 und 1686 mit dem jüngsten Jahrring 1690. Eine Datierung der sehr kurzen Jahrringsequenz (39 Jahrringe) des Diskantbereichs war bisher nicht möglich. Im Rahmen der nun durchgeführten Untersuchung konnte diese auf die oben angegebenen Daten bestimmt werden. Eine Herkunft der untersuchten Deckenteile aus demselben Stamm kann nicht mit Sicherheit festgestellt werden, da nicht alle angelegten Kriterien voll erfüllt sind.

Die zeitliche Einordnung des undatierten Instruments durch Günther Hellwig haben Friedemann und Barbara 2011 nach stilistischen Kriterien auf »um 1695« korrigiert. Dies erscheint auch vor dem Hintergrund der erst jetzt nachträglich erfolgten dendrochronologischen Datierung plausibel.

TieWV 85 – Laute, 1696 (FBH 2011, S. 117)
Nürnberg, Germanisches Nationalmuseum, Inv.-Nr. MI 394 – 2001501 / Abb. 7

Bei der zweiteiligen Decke wurden sowohl auf der Diskantseite als auch auf der Bassseite jeweils 171 Jahrringe gemessen. Die besten Übereinstimmungen ergeben sich sowohl bei der Diskant- als auch bei der Bassseite zwischen 1518 und 1688 mit dem jüngsten Jahrring 1688. Beide Deckenhälften zeigen statistisch und optisch weitgehende Übereinstimmungen. Es liegt nahe, dass beide Deckenhälften aus demselben Stamm gearbeitet sind.

Zu Abb. 7

Sample	Reference	OVL	Glk	GSL	TV	TVBP	TVH	CDI	Date L	Date R
TieWV085T	TieWV085B	171	88	***	33,9	24,4	25,2	218	1518	1688

Abb. 6 TieWV 84: Darstellung der Jahrringkurven der Diskantseite (TieWV084T – oben, TieWV084T2 – unten) und der Bassseite (TieWV084B – mittig)

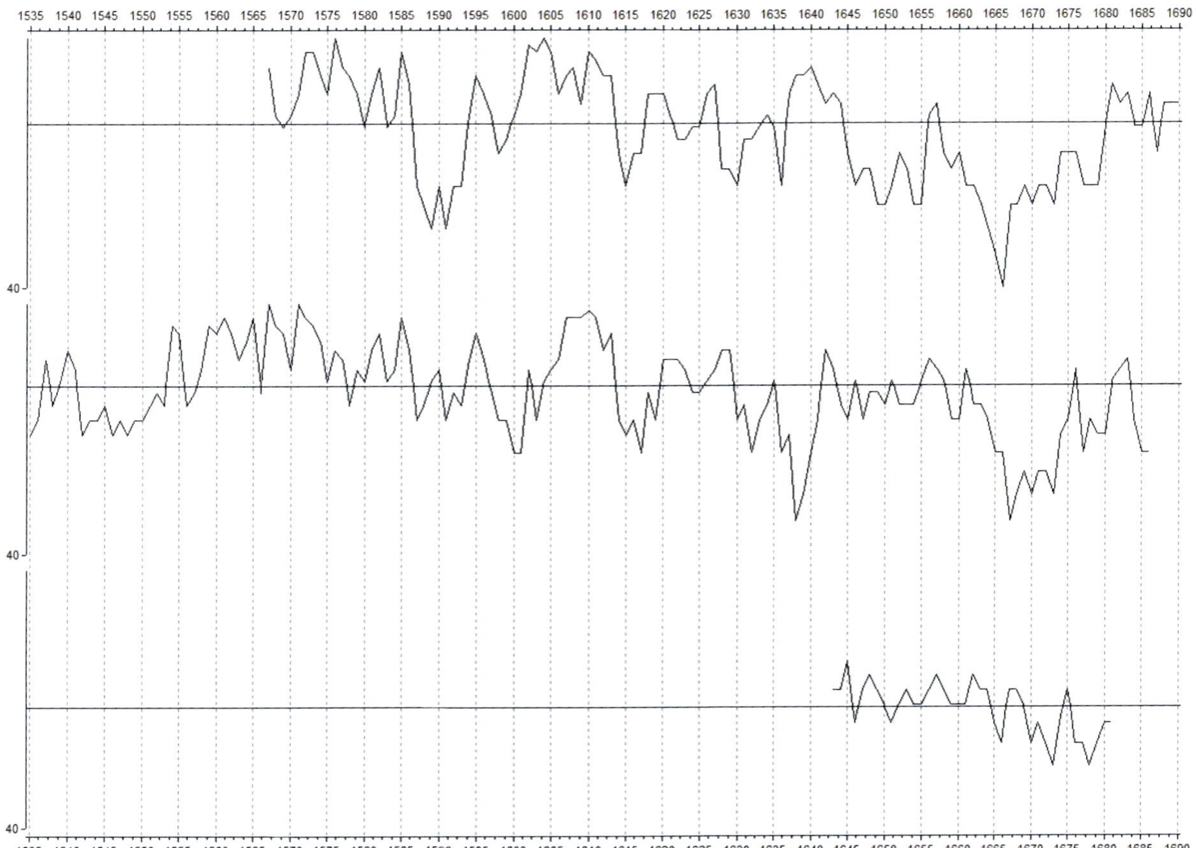

Abb. 7 TieWV 85: Darstellung der Jahrringkurven der Diskantseite (TieWV085T – schwarz) und der Bassseite (TieWV085B – rot)

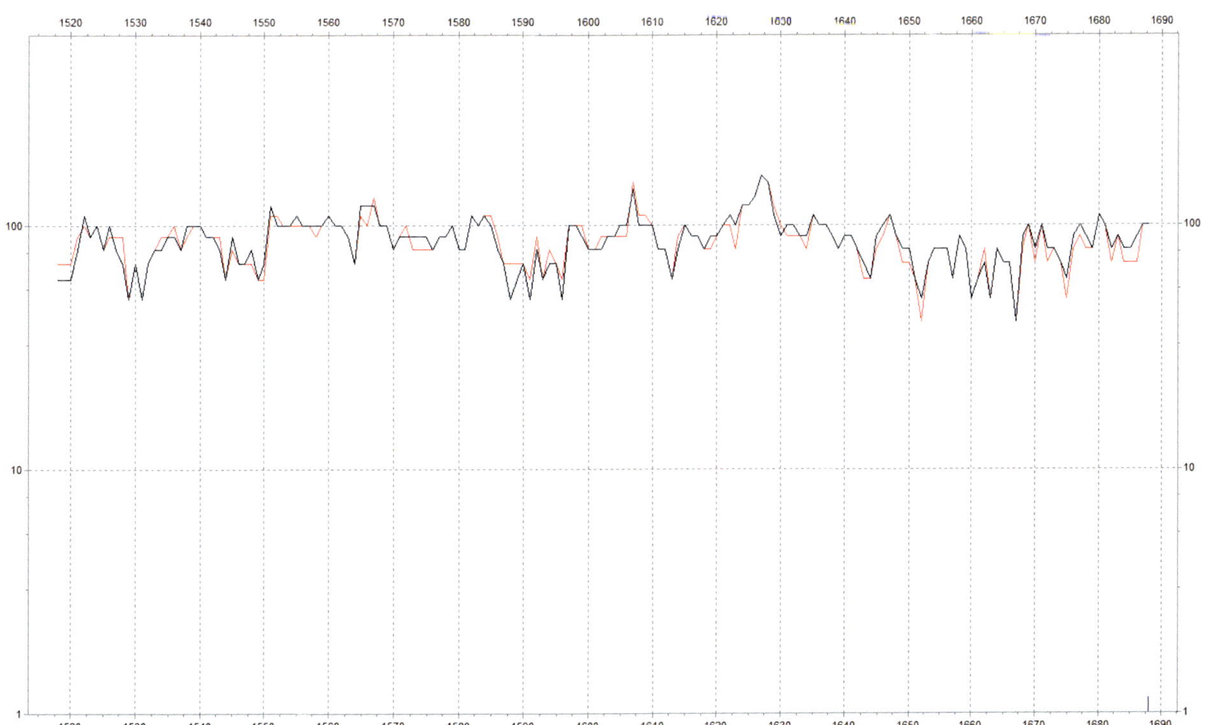

TieWV 108 – Viola da gamba, um 1699 (FBH 2011, S. 334) Berlin, Musikinstrumenten-Museum, Inv.-Nr. 4077 – 2000101 / Abb. 8

Das Deckenholz dieses Instruments wurde durch Peter Klein, basierend auf den Gleichläufigkeitswerten und durch einen optischen Vergleich auf dem Leuchttisch, bisher auf der Diskantseite (125 Jahrringe) zwischen 1547 und 1671 und auf der Bassseite zwischen 1548 und 1674 mit dem jüngsten Jahrring 1674 eingeordnet. Im Rahmen des vorliegenden Beitrags wurden sämtliche einbezogenen Instrumente einer umfassenden neuerlichen Auswertung unterzogen. Hierbei zeigte sich, dass die bisherige Einordnung aufgrund des Vergleichs mit den inzwischen zur Verfügung stehenden Daten geändert werden muss. Die Gründe für eine Neu- bzw. Umdatierung sowie die Vorgehensweise sind bei BEUTING 2009 ausführlich erläutert.[23] Die Datierung ergibt sich nunmehr wie folgt: Bei der zweiteiligen Decke wurden auf der Diskantseite 125 Jahrringe und auf der Bassseite 127 Jahrringe gemessen. Die besten Übereinstimmungen ergeben sich bei der Diskantseite zwischen 1737 und 1862 mit dem jüngsten Jahrring 1862 und bei der Bassseite zwischen 1738 und 1865 mit dem jüngsten Jahrring 1865. Beide Deckenhälften zeigen statistisch und optisch sehr gute Übereinstimmungen, was die Einschätzung nahelegt, dass beide Deckenhälften aus demselben Stamm gearbeitet sind.

Friedemann und Barbara Hellwig bezweifeln die Herkunft des Korpus aus der Werkstatt Tielkes aufgrund der stilistischen Merkmale sowie der Oberflächenbehandlung.[24] Es zeigt sich nunmehr aufgrund der korrigierten dendrochronologischen Einordnung, dass diese Zweifel berechtigt sind. Zudem zeigt dies einmal mehr, wie wichtig ein interdisziplinärer Ansatz auch bei der Erforschung historischer Musikinstrumente ist.

TieWV 123 – Viola da gamba, um 1701 (FBH 2011, S. 342) Halle, Händelhaus, Inv.-Nr. MS-222 – 2002701 / Abb. 9

Bei der dreiteiligen Decke wurden auf der Diskantseite 80 Jahrringe, auf dem Mittelstück 55 Jahrringe und auf der Bassseite 81 Jahrringe gemessen. Die besten Übereinstimmungen ergeben sich bei der Diskantseite zwischen 1610 und 1689, mit dem jüngsten Jahrring 1689, auf dem Mittelstück zwischen 1641 und 1695 mit dem jüngsten Jahrring 1695 und bei der Bassseite zwischen 1612 und 1692 mit dem jüngsten Jahrring 1692. Das Holz der Diskant- und der Bassseite zeigt statistisch und optisch sehr gute Übereinstimmungen (Abb. 9); und dies legt die Einschätzung nahe, dass diese beiden Teile aus demselben Stamm gearbeitet sind.

Abb. 8 TieWV 108: Darstellung der Jahrringkurven der Diskantseite (TieWV108aT – rot) und der Bassseite (TieWV108aB – schwarz)

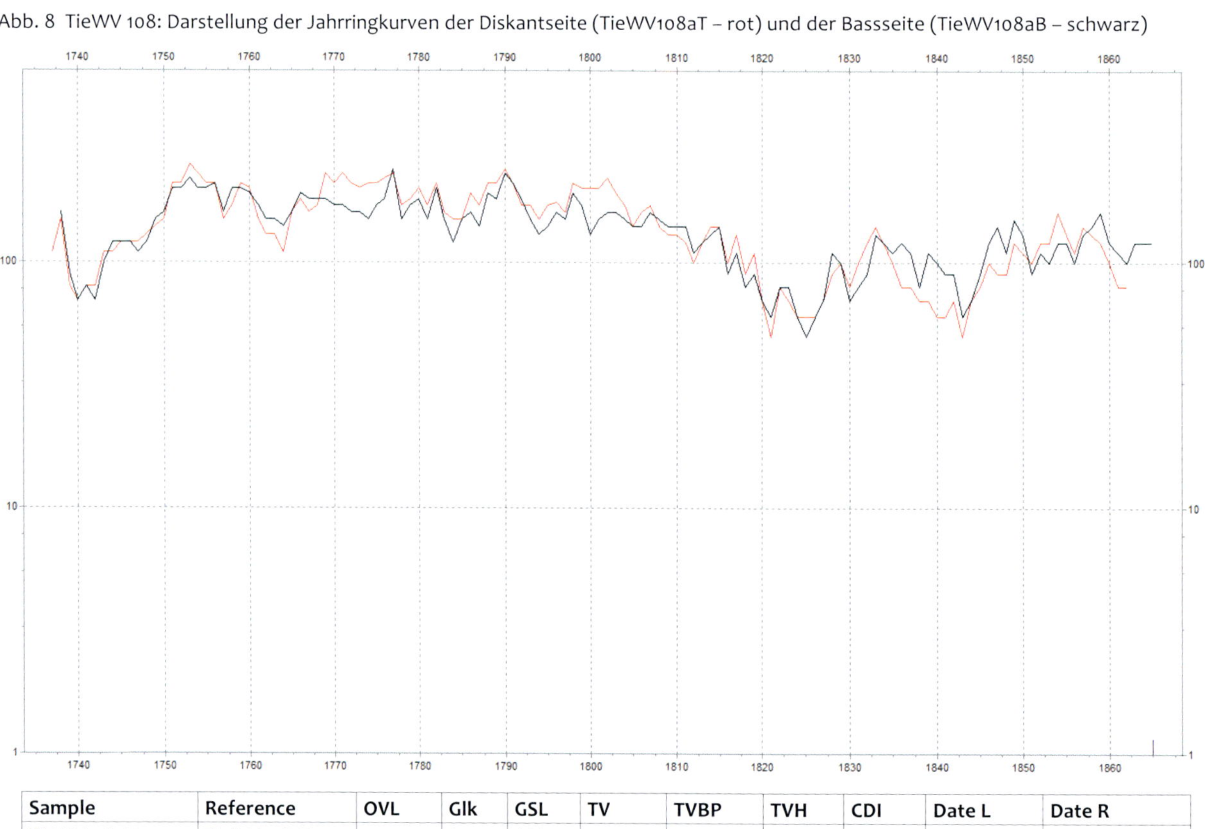

Sample	Reference	OVL	Glk	GSL	TV	TVBP	TVH	CDI	Date L	Date R
TieWV108aB	TieWV108aT	125	82	***	22,9	12,5	13,2	106	1738	1865

Abb. 9 TieWV 123: Darstellung der Jahrringkurven der Diskantseite (TieWV123T – oben), des Mittelstücks (TieWV123M – mittig) und der Bassseite (TieWV123B – unten)

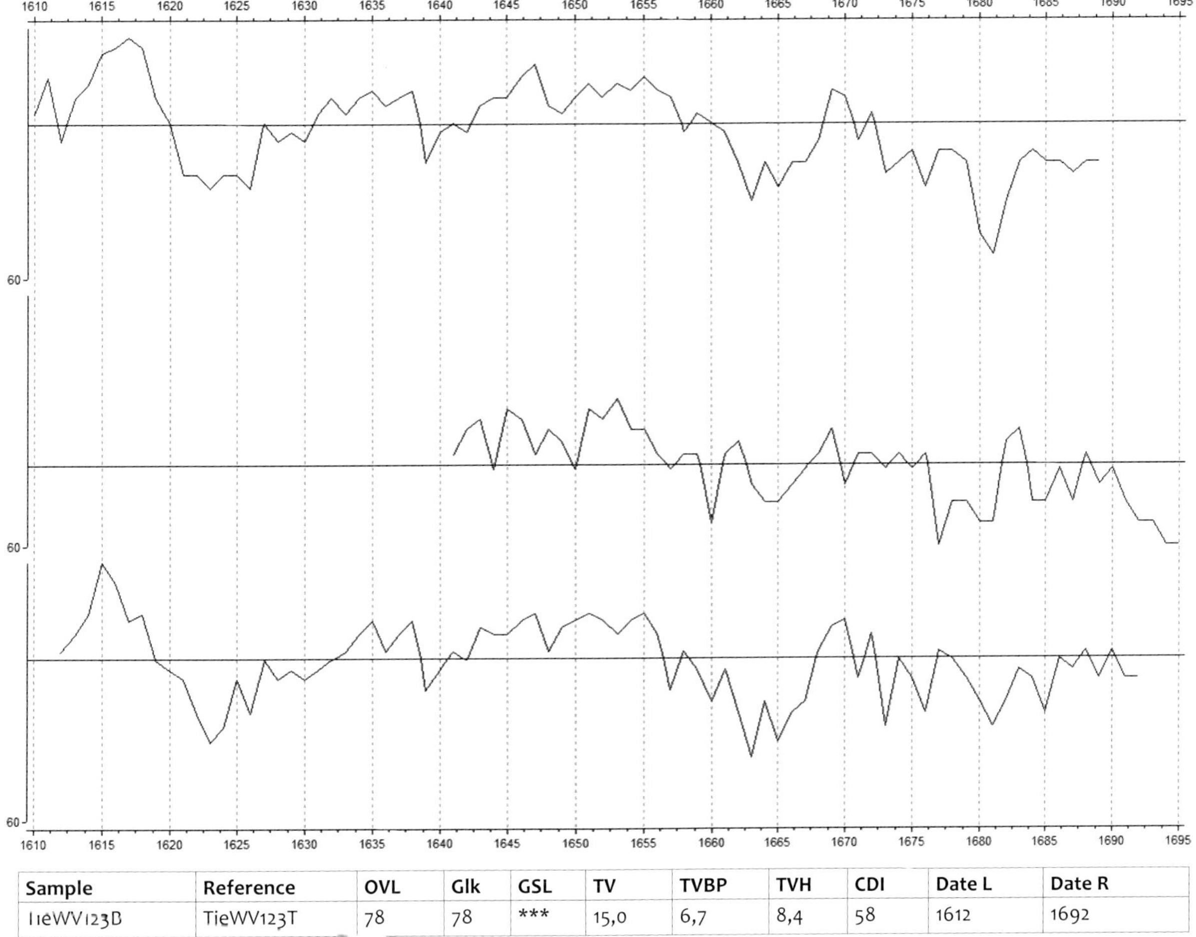

Sample	Reference	OVL	Glk	GSL	TV	TVBP	TVH	CDI	Date L	Date R
TieWV123B	TieWV123T	78	78	***	15,0	6,7	8,4	58	1612	1692

TieWV 135 – Gitarre, 1703 (FBH 2011, S. 182)
Hamburg, Museum für Kunst und Gewerbe,
Inv.-Nr. 1921.74 – 2001004 / Abb. 10

Bei der zweiteiligen Decke wurden auf der Diskantseite 130 Jahrringe und auf der Bassseite 135 Jahrringe gemessen. Die besten Übereinstimmungen ergeben sich bei der Diskantseite zwischen 1562 und 1691 mit dem jüngsten Jahrring 1691 und bei der Bassseite zwischen 1564 und 1688 mit dem jüngsten Jahrring 1688. Beide Deckenhälften zeigen statistisch und optisch sehr gute Übereinstimmungen, was die Einschätzung nahelegt, dass beide Deckenhälften aus demselben Stamm gearbeitet sind. Die Sequenzen des Deckenholzes zeigen unter anderem Übereinstimmungen mit den Kurven folgender Instrumente:

Nr.	Instrument	Eigentümer	Teil	Datierung (AJR)	+/–
TieWV 60	Viola da gamba	New York, The Metropolitan Museum (Inv.-Nr. 89.4.956)	D	1552–1668 (117)	+++
	Cembalo, Christian Zell	Hamburg, Museum für Kunst und Gewerbe (Inv.-Nr. 1962.115)	RB IV	1545–1702 (158)	+++
	Viola da gamba, Jacob Heinrich Goldt 1745	St. Petersburg, Muzej Muzykalnych Instrumentov (Inv.-Nr. 16516/2055X-850)	MK	1518–1724 (207)	+++

Abb. 10 TieWV 135: Darstellung der Jahrringkurven der Diskantseite (TieWV135T – schwarz) und der Bassseite (TieWV135B – rot)

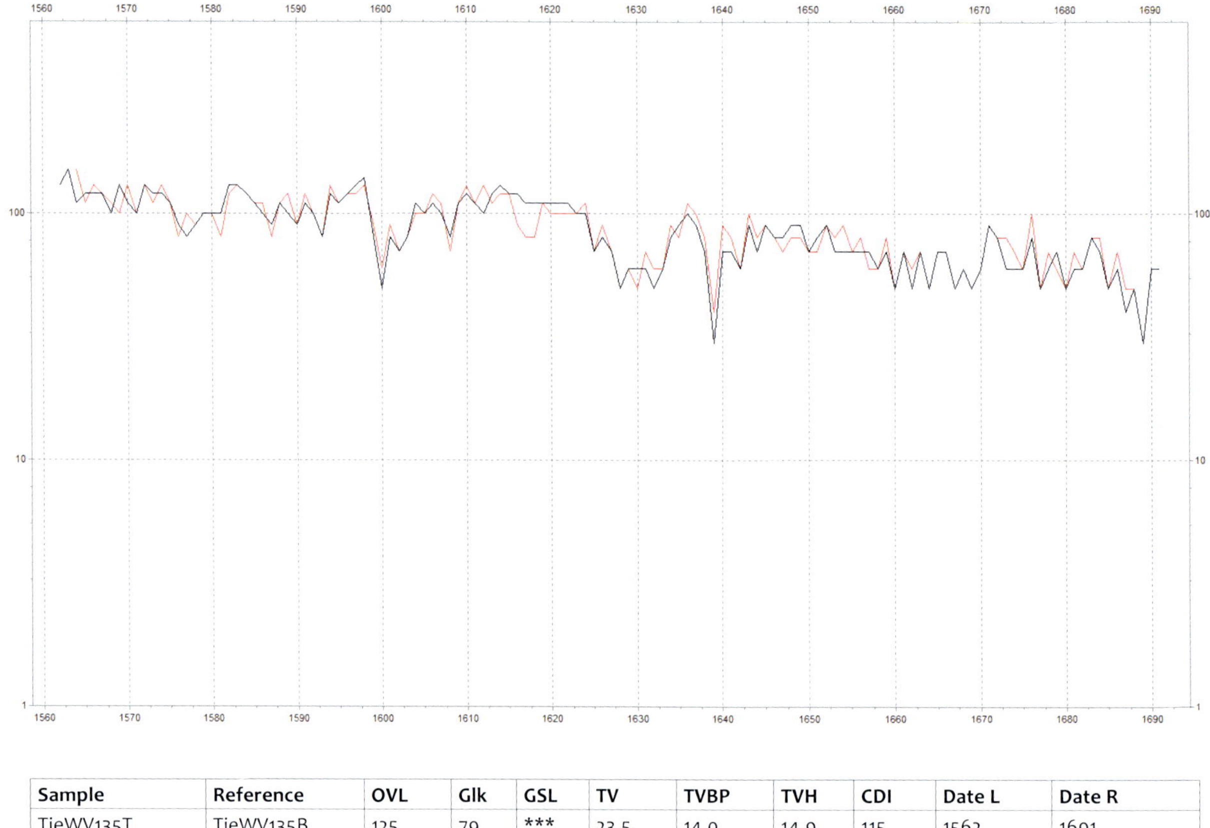

Sample	Reference	OVL	Glk	GSL	TV	TVBP	TVH	CDI	Date L	Date R
TieWV135T	TieWV135B	125	79	***	23,5	14,0	14,9	115	1562	1691

Die Übereinstimmungen mit dem Holz des Cembalos von Christian Zell (um 1683–1763) stellen einen Bezug zum Hamburger Musikinstrumentenbau her, die Vergleichswerte mit der aufgeführten Viola da gamba zu Jacob Heinrich Goldt. Dieses Instrument wurde uns ebenfalls von Friedemann Hellwig zur Untersuchung vorgelegt und damals als vermeintliches Instrument Joachim Tielkes angesehen.[25]

Durch die Datierung und die Übereinstimmung mit der Viola da gamba TieWV 60 wird Goldt als vermuteter Nachfolger Tielkes noch einmal bestätigt.

TieWV 141 – Gitarre, 1704 (FBH 2011, S. 196)
Hamburg, Museum für Kunst und Gewerbe,
Inv.-Nr. 1992.32 – 2001003 / Abb. 11

Bei der zweiteiligen Decke wurden sowohl auf der Diskantseite als auch auf der Bassseite 151 Jahrringe gemessen. Die besten Übereinstimmungen ergeben sich bei der Diskantseite zwischen 1532 und 1682 mit dem jüngsten Jahrring 1682 und bei der

Bassseite zwischen 1539 und 1689 mit dem jüngsten Jahrring 1689. Beide Deckenhälften zeigen statistisch und optisch sehr gute Übereinstimmungen, und dies lässt vermuten, dass beide Deckenhälften aus demselben Stamm gearbeitet sind.

Die Sequenzen des Deckenholzes zeigen unter anderem Übereinstimmungen mit den Kurven der schon genannten, zum Violoncello umgebauten Viola da gamba (siehe unten).

Durch die Vielzahl der im Datenbestand vorhandenen Jahrringsequenzen ließ sich mittlerweile auch das Blindholz des Bodens datieren, was hier erstmals veröffentlicht wird: Auf der Diskantseite wurden 62 Jahrringe und auf der Bassseite 96 Jahrringe gemessen. Die besten Übereinstimmungen ergeben sich beim Blindholz der Diskantseite zwischen 1619 und 1680 mit dem jüngsten Jahrring 1680, bei der Bassseite zwischen 1599 und 1694 mit dem jüngsten Jahrring 1694. Somit ist von einem frühestmöglichen Entstehungsdatum des Instruments von 1694 auszugehen, was mit der organologischen Einordnung und der Signatur des Instruments (1704) übereinstimmt.

Nr.	Instrument	Eigentümer	Teil	Datierung (AJR)	+/–
TieWV 60	Viola da gamba	New York, The Metropolitan Museum (Inv.-Nr. 89.4.956)	D	1552–1668 (117)	+++

Abb. 11 TieWV 141: Darstellung der Jahrringkurven der Diskantseite (TieWV141T) und der Bassseite (TieWV141B) der Decke
sowie des Blindholzes auf der Diskantseite (TieWV141Tb) und auf der Bassseite (TieWV141Bb), von oben nach unten

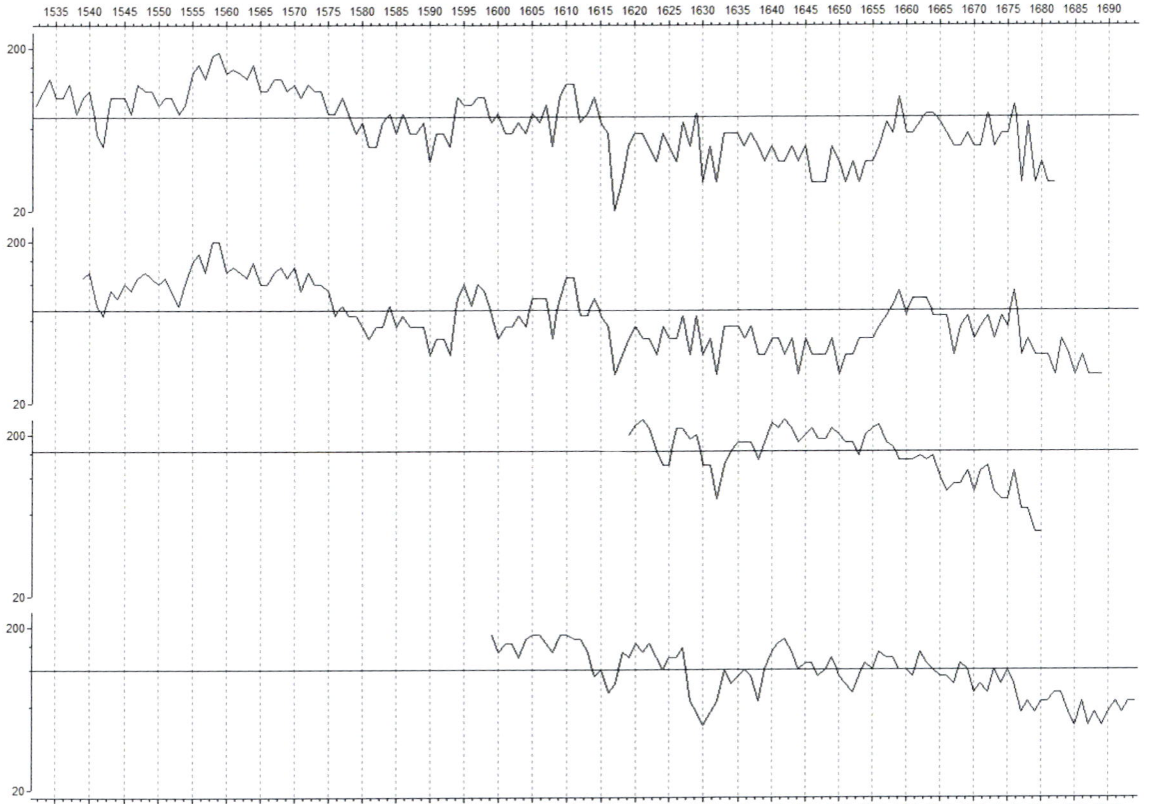

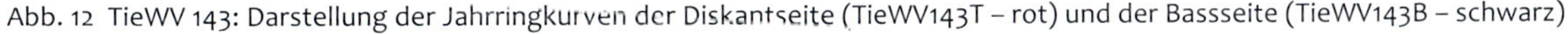

Sample	Reference	OVL	Glk	GSL	TV	TVBP	TVH	CDI	Date L	Date R
TieWV141B	TieWV141T	144	82	***	38,8	13,8	14,9	116	1539	1689

Abb. 12 TieWV 143: Darstellung der Jahrringkurven der Diskantseite (TieWV143T – rot) und der Bassseite (TieWV143B – schwarz)

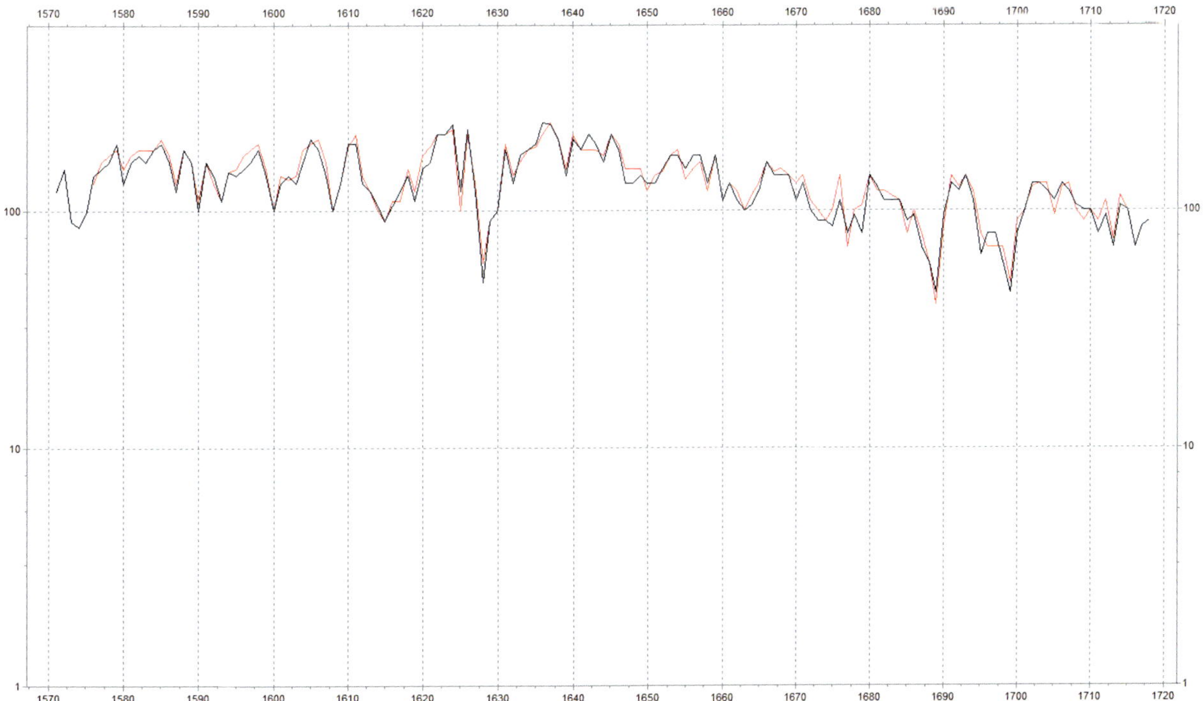

Zu Abb. 12

Sample	Reference	OVL	Glk	GSL	TV	TVBP	TVH	CDI	Date L	Date R
TieWV143B	TieWV143T	106	84	***	25,4	15,6	14,9	128	1547	1690

TieWV 143 – Theorbe, ursprünglich Angelique, um 1704 (FBH 2011, S. 126)
Zürich, Museum Bellerive, Inv.-Nr. 1963-60,33 – 2005801 / Abb. 12

Bei der zweiteiligen Decke wurden auf der Diskantseite 106 Jahrringe und auf der Bassseite 144 Jahrringe gemessen. Die besten Übereinstimmungen ergaben sich bei der Diskantseite zwischen 1552 und 1657 mit dem jüngsten Jahrring 1657 und bei der Bassseite zwischen 1547 und 1690 mit dem jüngsten Jahrring 1690. Beide Deckenhälften zeigen statistisch und optisch sehr gute Übereinstimmungen, was auch hier vermuten lässt, dass beide Deckenhälften aus demselben Stamm gearbeitet sind.

Das von Günther Hellwig ursprünglich um 1680 eingeordnete Instrument wurde von Friedemann und Barbara Hellwig um 1704 datiert, was durch die dendrochronologische Datierung gestützt werden kann.

TieWV 158 – Viola da gamba, 1708(?) (FBH 2011, S. 362)
München, Deutsches Museum, Inv.-Nr. 41556 – 2001401 / Abb. 13

Bei der zweiteiligen Decke wurden auf der Diskantseite 161 Jahrringe und auf der Bassseite 157 Jahrringe gemessen. Die besten Übereinstimmungen ergaben sich bei der Diskantseite zwischen 1538 und 1698, bei der Bassseite zwischen 1544 und 1700 mit dem jüngsten Jahrring 1700. Beide Deckenhälften zeigen statistisch und optisch sehr gute Übereinstimmungen; dies legt die Einschätzung nahe, dass beide Deckenhälften aus demselben Stamm gearbeitet sind. Die Sequenzen des Deckenholzes zeigen unter anderem Übereinstimmungen mit den Kurven der Violine TieWV 61 von Joachim Tielke.

Friedemann Hellwig bezweifelt aufgrund der Bauart des Instruments die Datierung 1708 und nennt eine mögliche Entstehung ab 1717 unter der Ägide eines Werkstattnachfolgers. Bei Berücksichtigung der bisher beobachteten Lagerzeiten ist dies durchaus wahrscheinlich.

Abb. 13   TieWV 158: Darstellung der Jahrringkurven der Diskantseite (TieWV158T – rot) und der Bassseite (TieWV158B – schwarz)

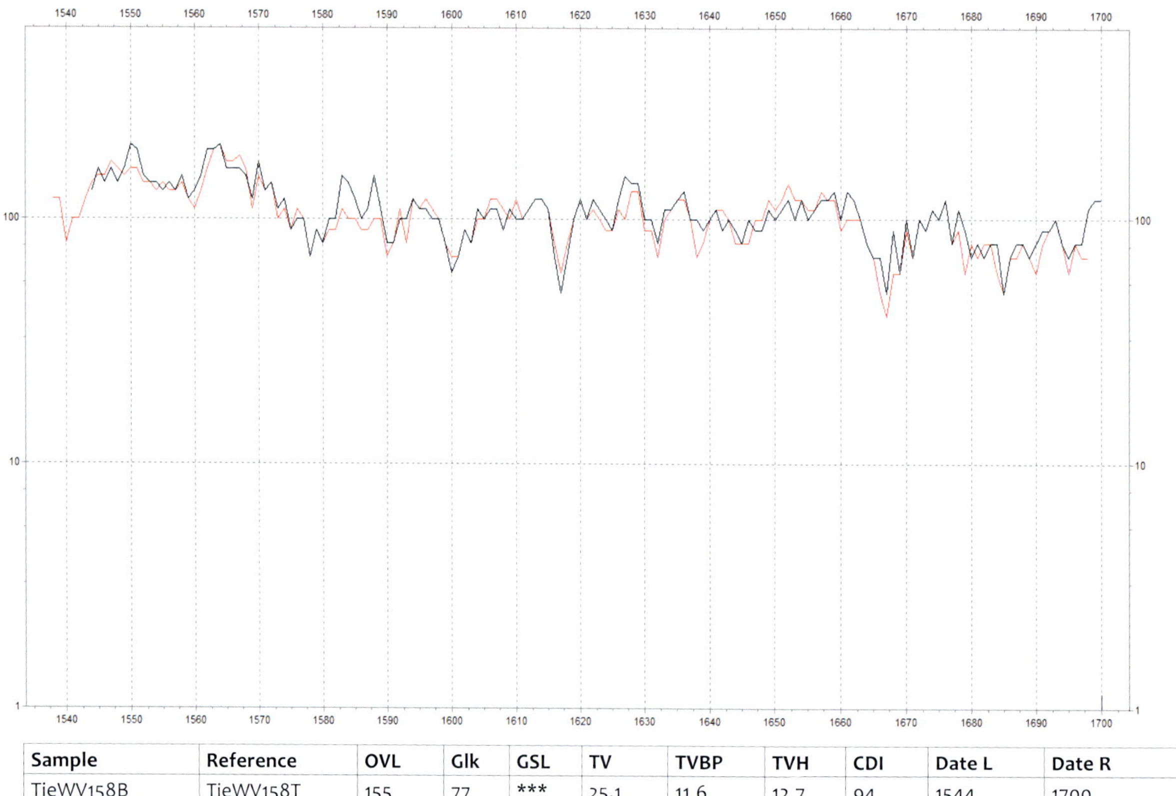

Sample	Reference	OVL	Glk	GSL	TV	TVBP	TVH	CDI	Date L	Date R
TieWV158B	TieWV158T	155	77	***	25,1	11,6	12,7	94	1544	1700

Nr.	Instrument	Eigentümer	Teil	Datierung (AJR)	+/–
TieWV 61	Violine	New York, The Metropolitan Museum (Inv.-Nr. 1992.333)	MK	1524–1667 (144)	++

Abb. 14 TieWV 162: Darstellung der Jahrringkurven der Diskantseite (TieWV162T), des Mittelstücks (TieWV162M)
und der Bassseite (TieWV162B) der Decke (von oben nach unten)

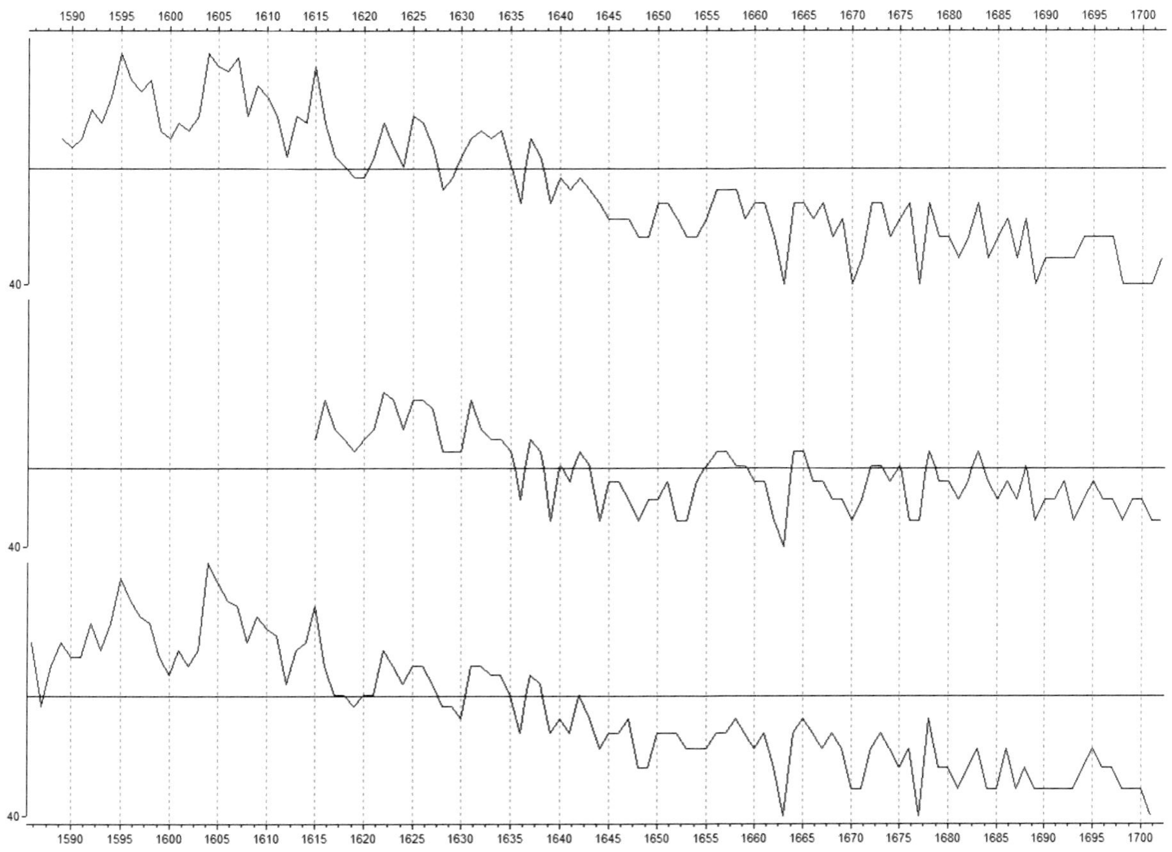

Sample	Reference	OVL	Glk	GSL	TV	TVBP	TVH	CDI	Date L	Date R
TieWV162T	TieWV162B	113	82	***	51,3	15,7	15,8	128	1589	1702
TieWV162M	TieWV162B	87	79	***	13,0	8,4	8,4	66	1615	1702

**TieWV 162 – Theorbe, ursprünglich Laute, 1718
(FBH 2011, S. 137)
Berlin, Musikinstrumenten-Museum, Kat.-Nr. 5259 –
2000104 / Abb. 14**

Bei der dreiteiligen Decke wurden auf der Diskantseite 114
Jahrringe, auf dem Mittelstück 88 Jahrringe und auf der Bassseite 116 Jahrringe gemessen. Die besten Übereinstimmungen
ergeben sich bei der Diskantseite zwischen 1589 und 1702, auf
dem Mittelstück zwischen 1615 und 1702 und bei der Bassseite
zwischen 1586 und 1701. Alle drei Deckenteile zeigen statistisch
und optisch sehr gute Übereinstimmungen. Dies legt die Einschätzung nahe, dass alle Deckenteile aus demselben Stamm
gearbeitet sind. Für das Mittelstück sind nicht alle angelegten
Kriterien voll erfüllt; aufgrund der guten optischen Übereinstimmung wird dennoch von der Herkunft aus einem Stamm
ausgegangen.

**TieWV 167 – Viola da gamba, 1719 oder wenig später
(FBH 2011, S. 373)
Bayern, Privatbesitz – 2009904 / Abb. 15**

Bei der zweiteiligen Decke wurden auf der Diskantseite 141
Jahrringe und auf der Bassseite 148 Jahrringe gemessen. Die
besten Übereinstimmungen ergeben sich bei der Diskantseite
zwischen 1576 und 1716 mit dem jüngsten Jahrring 1716, bei der
Bassseite zwischen 1571 und 1718 mit dem jüngsten Jahrring
1718. Beide Deckenhälften zeigen statistisch und optisch sehr
gute Übereinstimmungen; dies legt die Einschätzung nahe, dass
beide Deckenhälften aus demselben Stamm gearbeitet sind. Die
Sequenzen des Deckenholzes zeigen unter anderem Übereinstimmungen mit den Kurven zweier Hamburger Instrumente
(siehe die Tabelle auf der nächsten Seite).

Bei einer vermuteten Herkunft des Deckenholzes aus
demselben Stamm bei diesem Instrument und der Viola da

Abb. 15 TieWV 167: Darstellung der Jahrringkurven der Diskantseite (TieWV167T – rot) und der Bassseite (TieWV167B – schwarz)

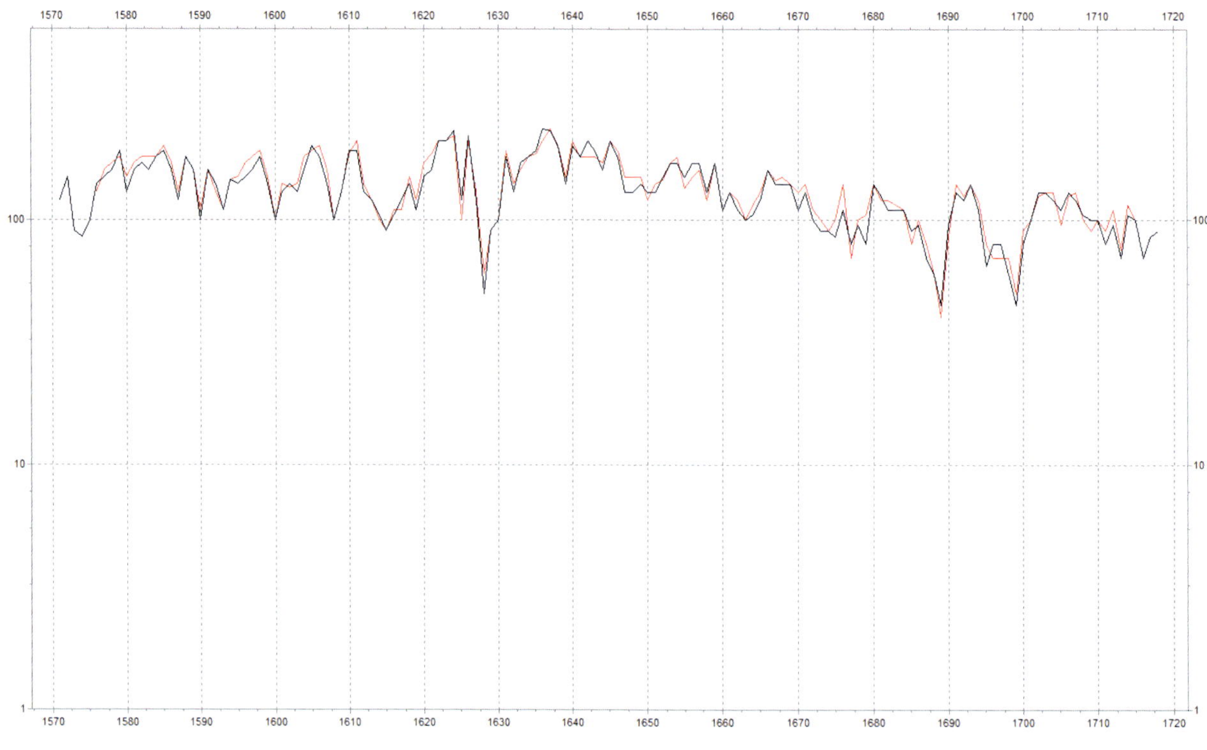

Sample	Reference	OVL	Glk	GSL	TV	TVBP	TVH	CDI	Date L	Date R
TieWV167B	TieWV7T	141	86	***	45,1	21,0	24,8	198	1571	1718

Nr.	Instrument	Eigentümer	Teil	Datierung (AJR)	+/–
	Cembalo, Christian Zell	Hamburg, Museum für Kunst und Gewerbe (Inv.-Nr. 1962.115)	RB IV	1545–1702 (158)	+++
	Viola da gamba, Jacob Heinrich Goldt 1745	St. Petersburg, Muzej Muzykalnych Instrumentov (Inv.-Nr. 16516/2055X-850)	MK	1518–1724 (207)	+++

gamba von Jacob Heinrich Goldt ist – in Übereinstimmung mit Hellwig 2011 – eine Entstehung des Instrumentes unter der Ägide Goldts, aber noch zu Lebzeiten Joachim Tielkes denkbar.

Lagerzeiten und Materialverwendung in der Werkstatt Tielke

Es ergeben sich bei den untersuchten Instrumenten, die Joachim Tielke zugeschrieben werden, Differenzen zwischen stilkritischer und dendrochronologischer Einordnung; und zwar zwischen fünf Jahren (TieWV 84 Viola da gamba, um 1695. Berlin, Musikinstrumenten-Museum, Inv.-Nr. 46549) und 25 Jahren (TieWV 55a Viola da gamba, 168(?)9. Hamburg, Museum für Kunst und Gewerbe, Inv.-Nr. 1921.96).

Zusammenfassung

Es wurden insgesamt 15 Musikinstrumente untersucht, von denen fünf mit einem Zettel signiert und datiert sind, eines seinen Zettel verloren hat, zwei Gravuren von unbekannter Hand mit Namen und Datum außen auf dem Instrument aufweisen und sieben durch Friedemann und Barbara Hellwig der Werkstatt Joachim Tielkes zugeschrieben werden. Dendrochronologische Analysen konnten zur Klärung beitragen.

Das zum Bau der Instrumente verwendete Deckenholz konnte durch einen Vergleich mit Referenzchronologien für Fichte (*Picea abies*) und Tanne (*Abies alba*) sowie über einen Vergleich mit den Jahrringsequenzen von verschiedenen Musikinstrumenten eindeutig datiert werden. Dabei wurde überprüft, ob die verwendeten Deckenteile aus jeweils denselben Stämmen kommen.

• Bei TieWV 18, Theorbe, ursprünglich Laute(?), um 1678, (Berlin, Musikinstrumenten-Museum, Inv.-Nr. Hz 1290) kann durch die dendrochronologische Untersuchung die Vermutung bestätigt werden, dass die Decke später ersetzt wurde.

• Bei TieWV 108, Viola da gamba, um 1699 (Berlin, Musikinstrumenten-Museum, Inv.-Nr. 4077) musste im Rahmen der Untersuchung die ursprüngliche Datierung von Klein aus dem Jahr 1993 korrigiert werden; die neue Datierung stützt Friedemann Hellwigs These, dass dieses Instrument nicht aus Tielkes Werkstatt stammt.

• Bei TieWV 167, Viola da gamba, 1719 oder wenig später (Bayern, Privatbesitz) unterstützt die Datierung eine Zuschreibung an den Instrumentenbauer Goldt, da derselbe Stamm in einem weiteren Instrument dieses Geigenbauers identifiziert werden kann. Gemeinsam mit den organologischen Merkmalen ist diese Zuschreibung somit als richtig zu erachten.

Die durchschnittliche Differenz zwischen stilkritischer und dendrochronologischer Einordnung beträgt 13,8 Jahre. Somit stehen alle erzielten Datierungen in Einklang mit den organologischen Datierungen durch die beiden Hellwigs, was deren absolute Kennerschaft des Werkes von Joachim Tielke belegt. Wir hoffen, dass die professionelle, unkomplizierte und überaus angenehme Zusammenarbeit mit Friedemann und Barbara Hellwig auf viele weitere Jahre Bestand haben wird.

ANMERKUNGEN

Dieser Beitrag ist eine überarbeitete Version des gleichnamigen Artikels in: Eszter Fontana, Klaus Martius und Markus Zepf (Hrsg.), *Hinter den Tönen – Musikinstrumente als Forschungsgebiet: Festschrift für Friedemann Hellwig zu seinem 80. Geburtstag.* Nürnberg (Germanisches Nationalmuseum) 2018, S. 156–172.

1 LOTTERMOSER/MEYER 1958, S. 295–296.

2 CORONA 1987. – SCHWEINGRUBER 1983.

3 KLEIN/MEHRINGER/BAUCH 1984. – DIES. 1986. – MEHRINGER 1985.

4 BEUTING 2000. – DERS. 2004.

5 Genannt seien stellvertretend: TOPHAM/MCCORMICK 1998. – TOPHAM 2003. – WALDER 2017. – BEUTING 2011.

6 KLEIN/POLLENS 1998. – BEUTING/KLEIN 2003. – BEUTING 2009. – DERS. 2015.

7 In seltenen Fällen, beispielsweise bei Viole da gamba englischer oder französischer Provenienz, wurde auch Kiefer (*Pinus sylvestris*) als Deckenholz identifiziert.

8 BARISKA 1978. – ILLE 1975.

9 LEONHARDT 1969.

10 ILLE 1975, S. 98, Anm. 8.

11 ROUSSEL 1981, S. 29.

12 WEICH/WINDISCH 1981, S. 55.

13 KLEIN/POLLENS 1998, Anm. 6.

14 GH 1980. – FBH 2011.

15 Um eine Vergleichbarkeit mit den in FBH 2011 gemachten Angaben zu erreichen, wurde das dort eingeführte Nummernsystem (Tielke-Werkverzeichnis) übernommen und im Anschluss die jeweilige Seitenzahl mitgeteilt, um eine leichte Auffindbarkeit

der Daten zu ermöglichen. Am Ende der Überschriften sind die im dendrochronologischen Labor verwendete jeweilige Schlüsselnummer und deren graphische Umsetzung in die dazugehörige Abbildung mit ihrer Nummer angegeben.

16 BAILLIE/PILCHER 1973. – HOLLSTEIN 1980.

17 Die dendrochronologischen Untersuchungsberichte nennen im Regelfall drei Vergleichsinstrumente mit eng verwandtem Kurvenverlauf. Aus editorischen Gründen werden in diesem Artikel aber nur solche Instrumente genannt, die einen direkten lokalen Bezug oder eine Verbindung zu anderen Instrumenten Joachim Tielkes offenkundig werden lassen.

18 BEUTING 2004, Anm. 4.

19 Im Einzelnen gilt:
+++(!) = Angenommene Herkunft der Deckenteile aus demselben Stamm gemäß der oben genannten Kriterien nach BEUTING 2004;
+++ = sehr gute optische und statistische Übereinstimmungen Gleichläufigkeit (Glk) >70 % (99,9 % Signifikanz), t-Wert (Hollstein) >7;
++ = gute optische und statistische Übereinstimmungen (Glk) >65 % (99,9 % Signifikanz), t-Wert (Hollstein) >6;
+ = gute statistische Übereinstimmungen (Glk) >60 % (99,9 % Signifikanz), t-Wert (Hollstein) >5;
O = alle weiteren Übereinstimmungen.

20 FBH 2011, S. 115.

21 Vgl. GH 1980, S. 229 (Kat. Nr. 69), und die ausführliche Diskussion dieser Ergebnisse bei FBH 2011, S. 287.

22 Siehe dazu GH 1980, S. 162 (Kat. Nr. 22), und FBH 2011, S. 231.

23 BEUTING 2009, Anm. 6.

24 Siehe dazu GH 1980, S. 259 (Kat. Nr. 92), und FBH 2011, S. 334.

25 Zur Datierung siehe FBH 2011, S. 413, Nr. 11.

ABGEKÜRZT ZITIERTE LITERATUR

BAILLIE/PILCHER 1973
Michael G. L. Baillie, Jonathan R. Pilcher,
A Simple Crossdating Program for Tree-Ring Research,
in: Tree-Ring Bulletin 33, 1973, S. 7–14.

BARISKA 1978
Michály Bariska, *Klangholz, Holzinstrument, Musik,*
in: Naturwissenschaftliche Rundschau 31, 1978, H. 2, S. 45–52.

BEUTING 2000
Micha Beuting, *Holzbiologische und dendrochronologische Untersuchungen an Tasteninstrumenten,* unveröffentlichte Diplomarbeit Universität Hamburg, Fachbereich Biologie, 2000.

BEUTING 2004
Micha Beuting, *Holzkundliche und dendrochronologische Untersuchungen an Resonanzholz als Beitrag zur Organologie.* Remagen-Oberwinter 2004.

BEUTING 2009
Micha Beuting, *Dendrochronologische Datierung von Streichinstrumenten des 15. und 16. Jahrhunderts unter besonderer Berücksichtigung der Geigenbauer Linarolo und Ciciliani,* in: Technologische Studien. Konservierung, Restaurierung, Forschung, Technologie 6, 2009, S. 177–213.

BEUTING 2011
Micha Beuting, *Dendro-organology? The dendrochronological method applied to musical instruments*, in: Tree Rings, Art, Archaeology. Proceedings of the International Conference (Scientia artis 7), hrsg. vom Royal Institute for Cultural Heritage. Brüssel 2011, S. 273–283.

BEUTING 2015
Micha Beuting, *Dendrochronologische Datierung an Instrumenten von Martin und Johann Christian Hoffmann*, in: Eszter Fontana, Veit Heller und Klaus Martius (Hrsg.), Martin und Christian Hoffmann. Geigen- und Lautenmacher des Barock. Leipzig 2015, S. 266–275.

BEUTING/KLEIN 2003
Micha Beuting und Peter Klein, *Dendrochronologische Untersuchungen an Streichinstrumenten von Jacob Stainer*, in: Jacob Stainer, »…kayserlicher diener und geigenmacher zu Absom«. Ausstellungskatalog des Kunsthistorischen Museums Wien, hrsg. von Wilfried Seipel. Mailand 2003, S. 167–171.

CORONA 1987
Elio Corona, *Il violino del comune di Rovereto*, in: Ricerche su un violino di proprietà del Comune di Rovereto, hrsg. von Marco Tiella. Rovereto 1987, S. 18–21.

FBH 2011
Friedemann und Barbara Hellwig, *Joachim Tielke, Kunstvolle Musikinstrumente des Barock*. Berlin/München 2011.

GH 1980
Günther Hellwig, *Joachim Tielke. Ein Hamburger Lauten- und Violenmacher der Barockzeit*. Frankfurt am Main 1980.

HOLLSTEIN 1980
Ernst Hollstein, *Mitteleuropäische Eichenchronologie. Trierer dendrochronologische Forschungen zur Archäologie und Kunstgeschichte* (= Trierer Grabungen und Forschungen, Bd. 11). Mainz 1980.

ILLE 1976
Rudolf Ille, *Eigenschaften und Verarbeitung von Fichtenresonanzholz für Meistergeigen*, Teil 1 in: Holztechnologie 16, 1975, S. 95–101, Teil 2, in: Holztechnologie 17, 1976, S. 32–35.

KLEIN/MEHRINGER/BAUCH 1984
Peter Klein, Hans Mehringer, Josef Bauch, *Tree-Ring Chronology of Spruce Wood and its Application in the Dating of Stringed Instruments*, in: ICOM Committee for Conservation. 7th Triennial Meeting Copenhagen 10–14 September 1984, Preprints 84.1, S. 69–72.

KLEIN/MEHRINGER/BAUCH 1986
Peter Klein, Hans Mehringer, Josef Bauch, *Dendrochronological and Wood Biological Investigations on String Instruments*, in: Holzforschung 40, 1986, S. 197–203.

KLEIN/POLLENS 1998
Peter Klein, Stewart Pollens, *The Technique of Dendrochronology as Applied to Violins Made by Giuseppe Guarneri del Gesù*, in: Giuseppe Guarneri del Gesù 2, hrsg. von Jane Holloway und Jennifer Laredo Watkins. London 1998, S. 159–161.

LEONHARDT 1969
Konrad Leonhardt, *Geigenbau und Klangfrage: Versuche, Praktiken und Grundsätzliches zur Erreichung des idealen Geigenklanges unter Verwendung spezieller Forschungsergebnisse*. Frankfurt am Main 1969.

LOTTERMOSER/MEYER 1958
Werner Lottermoser, Jürgen Meyer, *Über die Möglichkeit einer Dendrochronologie von altitalienischen Geigen*, in: Instrumentenbau-Zeitschrift 12, 1958, S. 295f.

MEHRINGER 1985
Hans Mehringer, *Jahrringanalytische und holzbiologische Untersuchungen an Saiteninstrumenten*, unveröffentlichte Diplomarbeit Universität Hamburg, Fachbereich Biologie, 1985.

RINN 1989
Frank Rinn, *Eine neue Bohrmethode zur Holzuntersuchung*, in: Holz-Zentralblatt 115 (34), S. 529–530.

ROUSSEL 1981
André Roussel, *Grundlagen der Geige und des Geigenbaues. Ein Lehr- und Handbuch von Bau und Funktion der Streichinstrumente und ihrer Teile*, übersetzt, bearbeitet und ergänzt von Adolf König. Frankfurt am Main 1981, S. 29.

SCHWEINGRUBER 1983
Fritz Hans Schweingruber, *Der Jahrring. Standort, Methodik, Zeit und Klima in der Dendrochronologie*. Bern/Stuttgart 1983.

TOPHAM 2003
John Topham, *A Dendrochronological Survey of Stringed Musical Instruments from three Collections in Edinburgh, London and Paris*, in: Galpin Society Journal 56, 2003, S. 132–146.

TOPHAM/MCCORMICK 1998
John Topham and David McCormick, *A Dendrochronological Investigation of British Stringed Instruments of the Violin Family*, in: Journal of Archaeological Science 25, 1998, S. 1149–1157.

WALDER 2017
Felix Walder, *Dendrochronologie im Dienste der Kunst*, in: Graben und Auswerten 1, 2017, S. 98–105.

WEICH/WINDISCH 1981
Richard Weich, Walter Wolf Windisch, *Beim Geigenbauer*. Würzburg 1981.

BILDNACHWEIS

Alle Diagramme von den Autoren.

Sebastian Kirsch

Eine Gitarre von Joachim Tielke
Überlegungen zur Herstellungstechnik

Die Gitarre von Joachim Tielke, im Germanischen Nationalmuseum Nürnberg (GNM) unter der Nummer MI 57 inventarisiert (Abb. 1a–c), ist bei Friedemann und Barbara Hellwig[1] unter TieWV 30 im Tielke-Werkverzeichnis zu finden. Sie besitzt im Vergleich zum übrigen überlieferten Werk des Hamburger Instrumentenbauers zwei bemerkenswerte Merkmale. Interessanterweise sind diese beiden Eigenschaften schon im handschriftlich geführten Inventarbuch der

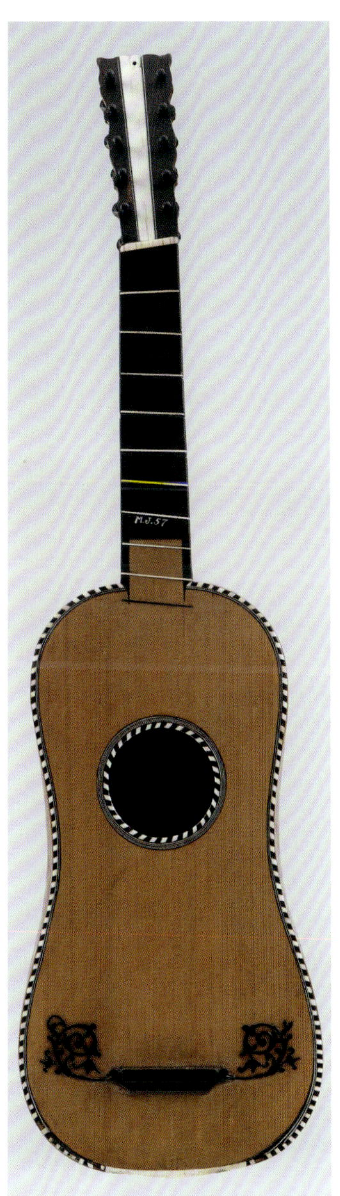
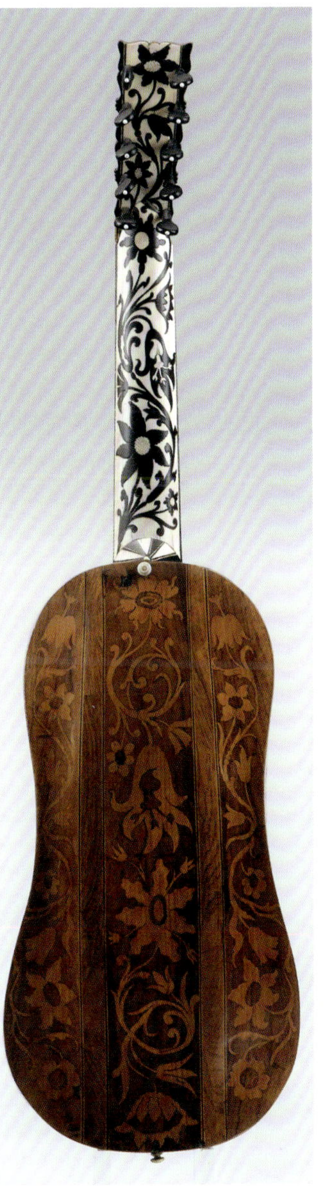
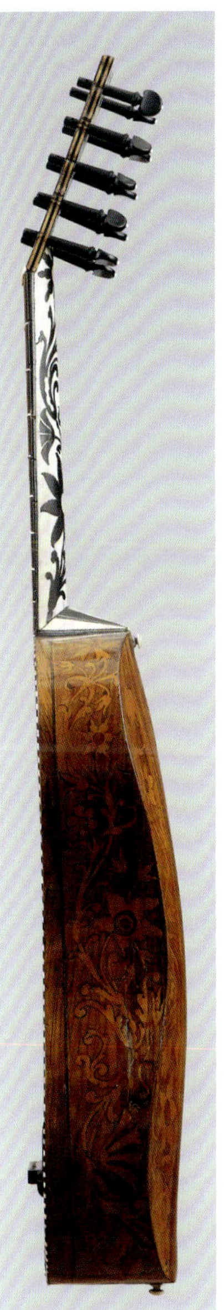

Abb. 1a–c TieWV 30: Die Gitarre von Joachim Tielke, Hamburg, um 1684 (GNM, Inv.-Nr. MI 57)

»alten« Sammlung Musikinstrumente des GNM vermerkt, in dem die Objektein- und ausgänge notiert werden. Dort heißt es zu dieser Inventarnummer: »Quinterne Guitarre mit einem Kasten von dunkelbraunem, mit hellbraunen eingelegten Blumen verziertem Holze, der Griff unten mit Bein belegt, mit schwarzen Blumen verziert H. 85 cm B. 23,2«.[2]

Die hier erwähnte Materialauswahl beschreibt das erste besondere Merkmal dieses Instruments: Anders als die sonst sehr häufige Verwendung von Elfenbein bzw. Ebenholz zur Verwirklichung eines starken Hell-Dunkel-Kontrastes hat man bei der Gestaltung der aufwendigen Marketerie der Zargen und des Bodens auf diese Materialien verzichtet. Stattdessen wird der Kontrast durch die Verwendung verschiedenfarbiger Hölzer erreicht. Der Boden besteht aus drei Segmenten, die durch zwei Streifen voneinander getrennt werden. Das Rankenwerk auf Boden und Zargen ist in einem hellen Holz ausgeführt, während die umgebenden Partien aus dunklerem Holz bestehen. Zwei Streifen, die die drei Bodensegmente unterteilen, sowie zwei weitere, die die Marketeriearbeit an den Zargen in Richtung Decke absetzen, bestehen wieder aus einem anderen Holz mit einer noch dunkleren Farbgebung, nämlich Palisander. Elfenbein und Ebenholz kommen zwar bei der ebenfalls mit Marketerie in Pflanzenornamentik verzierten Rückseite des Halses und bei der Umrandung von Deckenumriss und Schallloch zum Einsatz, doch ist die weniger kontrastreiche Gestaltung des Bodens und der Zargen bemerkenswert zurückhaltend. Unter den aufwendig mit Marketerie verzierten Instrumenten aus der Werkstatt Tielke ist kein weiteres bekannt, bei dem die Zierelemente lediglich aus verschiedenen Hölzern bestehen.

Die zweite Besonderheit ist im Inventarbuch mit Bleistift neben dem oben zitierten Eintrag vermerkt, wobei es sich vermutlich um einen späteren Nachtrag handelt, der auch den Kaufpreis von 100 Gulden nennt. Dort heißt es: »Übergang der Laute zur Guitarre mit gewölbtem Boden aber Zargen«. Später steht noch einmal »Boden gewölbt«, was zur Hervorhebung dieses Merkmals unterstrichen ist. Tatsächlich ist die Wölbung des Bodens außergewöhnlich. In Längsrichtung beschreibt sie eine leichte Kurve vom Halsansatz in Richtung Unterklotz, wie sie bei vielen Gitarren aus der Barockzeit zu finden ist. Bevor die Wölbung den Unterklotz erreicht, mündet sie in einer leichten Gegenwölbung, wodurch eine schwache, aber sehr elegante S-Kurve entsteht. In Querrichtung aber – und das ist das Besondere – zeichnet sich die Wölbung durch eine deutliche Gegenwölbung im Randbereich aus, die auf Höhe der Mittelbügel ihre stärkste Ausprägung erfährt (Abb. 2). Betrachtet man den Querschnitt des Corpus von den Zargen ausgehend, dann verläuft das Profil des äußeren Marketeriesegments des Bodens deutlich konkav zum Trennungsstreifen der Segmente hin, während das Mittelstück ebenfalls leicht konkav geformt ist. Durch diese Formgebung entsteht am Rand des Bodens eine Art Hohlkehle in Längsrichtung. Damit erinnert die Form des Bodens nicht nur an die gewölbten und mit Hohlkehle versehenen Böden etwa einiger Gamben aus derselben Werkstatt, vor allem aber ist hier – verbunden mit der aufwendigen Marketerie – das barocke Prinzip von Schwung und Gegenschwung kunstvoll umgesetzt. Gleichzeitig stellt sich die Frage, wie eine derartige Wölbung hergestellt werden kann. Geometrisch kann man die entstandene Fläche als ein hyperbolisches Paraboloid bezeichnen, wie es beispielsweise auch für Dachkonstruktionen verwendet wird. Ein dünnes Stück Holz gleichermaßen in Längs- und in Querrichtung zu biegen, stellt eine besondere technische Herausforderung dar.[3]

Die aufwendige Verarbeitung des Instruments war der Grund, es im Rahmen des Forschungsprojektes MUSICES[4] mittels Computertomographie zu untersuchen. Die dabei erzielten

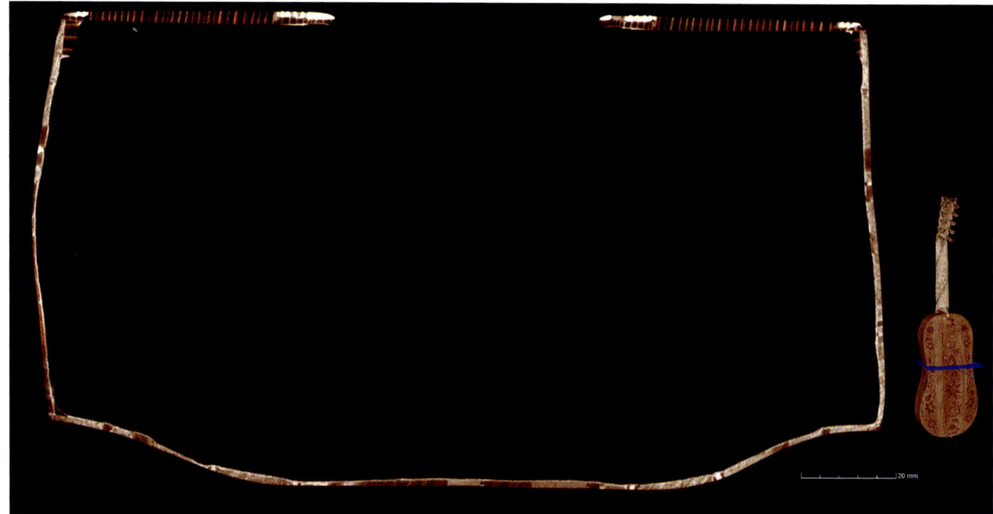

Abb. 2 TieWV 30: Querschnitt der Gitarre auf Höhe des Mittelbügels, oben die Decke mit Schallloch, unten der gewölbte Boden

Ergebnisse erlauben nicht nur eine Beurteilung der gesamten Konstruktion des Instruments im Verhältnis zu den bisher bekannten Bauprinzipien der Werkstatt Tielke, sondern bieten auch eine Hilfestellung bei der Frage nach dem Herstellungsprozess eines derartig gewölbten Bodens.

Zur Konstruktion

Aufgrund der ausführlichen Beschreibung der Gitarren Tielkes in der 2011 erschienenen Publikation von Friedemann und Barbara Hellwig sowie der darin abgebildeten computertomographischen Aufnahmen[5] ist eine vergleichende Einordnung des Instruments auch anhand der Schnittbilder und 3D-Ansichten möglich. In der von den Hellwigs aufgestellten Ordnung fällt das vorliegende Instrument mit einer Corpuslänge von 44,2 cm und einer vermuteten ursprünglichen schwingenden Saitenlänge von ca. 65 cm in die Kategorie »normale Gitarre«, die größer als die Terzgitarre, aber kleiner als die Gitarre in Basslage ist.[6] Wie bei allen unveränderten Wirbelbrettern der Gitarren Joachim Tielkes finden sich zehn Wirbellöcher für eine Besaitung nach dem Schema 4 × 2 + 1, wobei eines der Wirbellöcher (oder ein Wirbel) unbenutzt blieb. Es existieren zwei Vergleichsinstrumente: TieWV 27 in Weimar[7] und TieWV 28 in London.[8] Diese beiden Instrumente weisen im Wesentlichen die gleichen Konstruktionsmerkmale auf, vor allem was die Gestaltung des gewölbten Bodens angeht, sind aber als Schwesterinstrumente mit den jeweils ausgetauschten Einlagen aus Elfenbein und Ebenholz (première und contre partie) gearbeitet. Das Weimarer Instrument ist mit 1684 datiert. Der jüngste Jahrring des Deckenholzes der Nürnberger Gitarre konnte bei einer dendrochronologischen Untersuchung, die anhand der CT-Schnitt-

bilder durchgeführt wurde, dem Jahr 1668 zugeordnet werden.[9] Somit ist ein Herstellungsdatum im gleichen Zeitraum um 1684 durchaus möglich.

Am Nürnberger Instrument lassen sich einige Reparatureingriffe feststellen. Der Hals ist offensichtlich kürzer geschnitten worden, wobei der Wirbelkasten leicht schräg wieder angesetzt wurde, und auch der Steg scheint nicht mehr der originale zu sein. Leimreste an der Innenseite der einteiligen Decke zeigen, dass das Schallloch einst mit einer vermutlich mehrstöckigen Pergamentrosette verziert war, die heute fehlt. Deutliches Zeugnis einer Reparatur im Innenraum des Instruments ist ein Vierkantholz, das auf der Innenseite der diskantseitigen Zarge befestigt und zur Verstärkung einer verleimten Bruchstelle angebracht wurde (Abb. 3). Dieser Eingriff ist sicherlich durch das zu diesem Zeitpunkt schon offene Schallloch ausge-

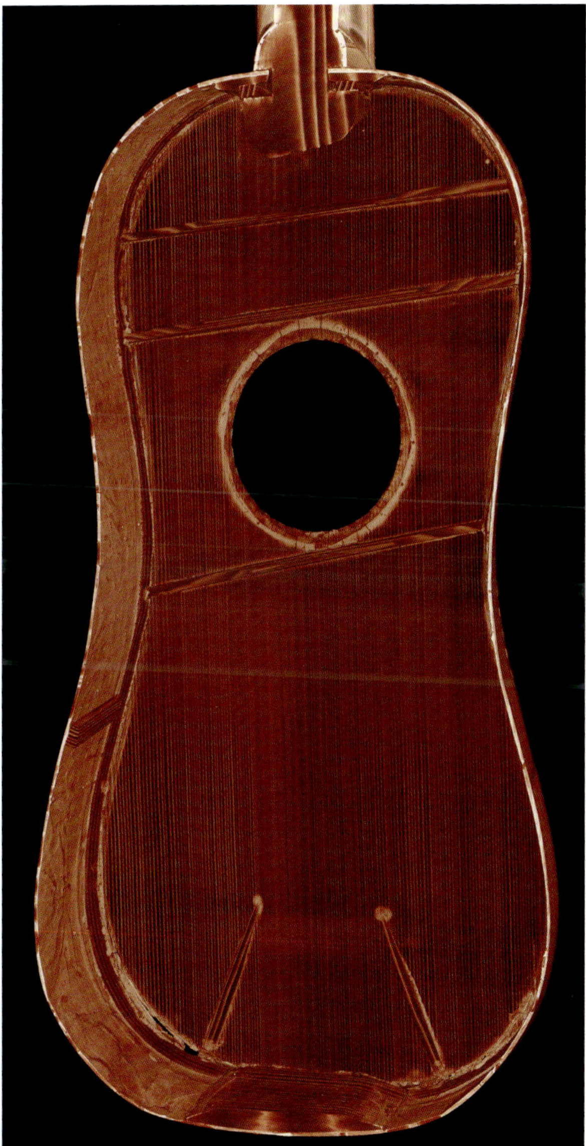

Abb. 4 TieWV 30: Blick auf die Innenseite der Decke

Abb. 3 TieWV 30: Reparatur an der Innenseite der Zarge der Gitarre

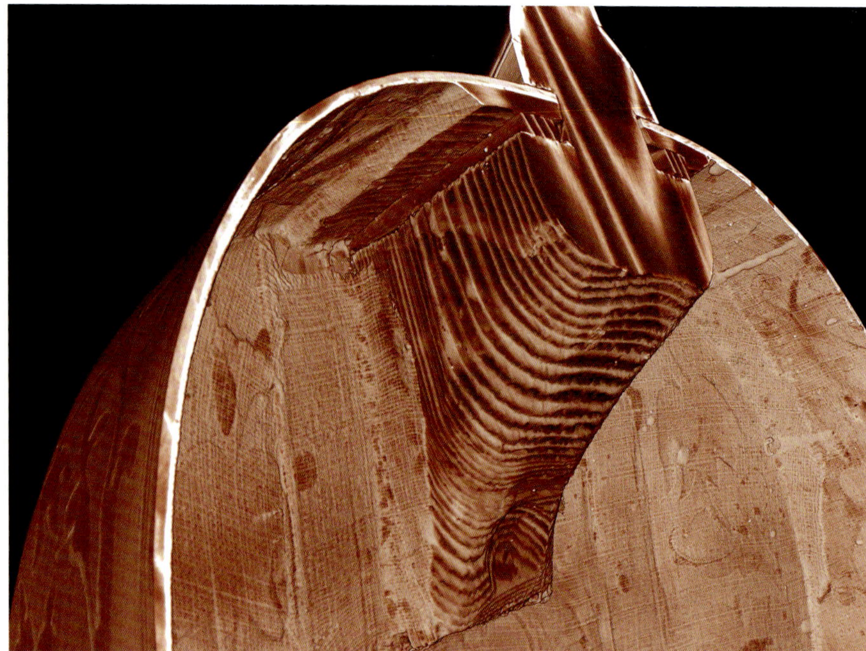

Abb. 5 TieWV 30: Der in »spanischer Manier« eingesetzte Hals

führt worden. Es gibt keine eindeutigen Spuren, die vermuten lassen, dass die Balkenformation verändert wurde, wenngleich sie sehr ungewöhnlich erscheint (Abb. 4). Während Hellwig und Hellwig für die Gitarren Tielkes als charakteristisches Merkmal feststellen, dass sich stets oberhalb des Schalllochs ein Querbalken befindet und zwei unterhalb des Schalllochs sitzen sowie weiter unten zwei schräg auf den Steg zulaufende Balken zu finden sind,[10] zeigt das vorliegende Instrument eine andere Anordnung: Oberhalb des Schalllochs befinden sich zwei Balken, unterhalb des Schalllochs ist nur ein Balken angebracht. Die leicht schräg gestellten Querbalken aus gespaltenem Holz zeigen sogenannte liegende Jahrringe, während die beiden kleineren Balken am Steg mit stehenden Jahrringen aufgeleimt sind, was oft als Merkmal eines späteren Eingriffs beurteilt wird. Da keine Spuren vorhanden sind, die darauf schließen lassen, dass das Instrument einmal geöffnet wurde, ist die Balkenformation wohl die originale. Diese Annahme muss allerdings noch durch vergleichende Untersuchungen überprüft werden. Reifchen sind nur an der Verbindung zwischen Decke und Zargen zu finden, haben aber an den Balken einen größeren Querschnitt und sind in Höhe der Balken ausgeschnitten. Die Innenseiten von Zargen und Boden sind mit Leinen ausgeschlagen. Das Leinen überlappt am Übergang vom Boden zu den Zargen, was bedeutet, dass diese textile Schicht erst auf die Zargen, dann auf den Boden aufgebracht wurde. Anders als bei dem von Hellwig und Hellwig angeführten Beispiel TieWV 135 ist der Unterklotz nicht in Richtung der Decke abgefast. Auch die dort beschriebenen Klötzchen, an der Innenseite der Zargen, die vom Befestigen auf einer Form stammen, sind bei dem vorliegenden Instrument nicht zu finden.

Der Hals wurde – wie bei den anderen Gitarren Tielkes – in »Spanischer Manier« eingesetzt, das heißt es existiert kein Oberklotz im eigentlichen Sinn (Abb. 5). Die Zargen zeigen sich in einen Ausschnitt in dem nach dem Innenraum verlängerten Hals eingeschoben und mittels Keilen fixiert. Ergänzend zu den Beobachtungen von Hellwig und Hellwig zur Halskonstruktion ist ein Merkmal besonders hervorzuheben:[11] Entgegen der Tradition, bei dieser Halsverbindung ohne Oberklotz zu arbeiten, befindet sich hier zwischen den Keilen und den Zargen ein an den Zargen fixiertes Holzstück, das diese an jener Stelle verstärkt und wohl während des Baus wie ein Oberklotz in die Form eingelassen war.

Auf der Rückseite ist der Hals mit einer in Ebenholz und Elfenbein ausgeführten Marketerie verziert, die sich durch relativ großflächige Blütenformen auszeichnet und bei Hellwig und Hellwig als Ranke Typ C bezeichnet wird.[12] Wenn man von einer arbeitsteiligen Herstellung der kunstvollen Instrumente ausgeht, könnten die unterschiedliche Materialwahl sowie die Verwendung verschiedener Muster bei Hals und Corpus ein Hinweis darauf sein, dass die beiden Bauteile aus unterschiedlichen Produktionsprozessen stammen und erst beim Zusammenbau miteinander vereint wurden.[13]

Zur Herstellung des Corpus

Ein Ziel bei der Anfertigung der Computertomographie war, anhand der Bilder die Qualität des Sägeschnittes der Marketerie zu beurteilen. Von außen ist die Fuge zwischen den hellen und dunklen Marketerieelementen kaum zu erkennen. Bei der Herstellung derartiger Dekorteile heftete man üblicherweise die verschiedenfarbigen Holzlagen übereinander, um so das gewünschte Muster auszusägen. Anschließend werden die Lagen wieder getrennt und die ausgesägten Stücke so vertauscht, dass in das helle Holz das ausgeschnittene dunkle eingelegt wird und umgekehrt. Um den Sägeschnitt zwischen den beiden Teilen möglichst dicht zu schließen, kann man das Sägeblatt leicht schräg zur Oberfläche führen. Die Kanten des einzulegenden Elements werden somit leicht keilförmig geschnitten; die durch die Stärke des Sägeblattes vorgegebene Fuge schließt sich besser als bei einem senkrecht zur Oberfläche ausgeführten Schnitt.[14] An den computertomographischen Aufnahmen lässt sich aber keine derartige Sägetechnik ausmachen, die Fugen stehen zum großen Teil senkrecht zur Oberfläche. Um eine möglichst dichte Fuge zu erreichen, wurde wohl nur ein sehr dünnes Sägeblatt verwendet.

Um die ausgesägten und ineinander gelegten Teile zu fixieren, legt man sie auf ein mit Leim bestrichenes Papier. Das Ineinanderfügen der verschiedenfarbigen Hölzer geschah wohl ohne hohen Druck, denn es wurde keine ebene Oberfläche erreicht. In den tomographischen Schnitten sieht man deutliche Niveauunterschiede von hellem und dunklem Holz, wobei weder das eine noch das andere grundsätzlich dicker oder dünner ist. Das Muster der Marketerie zeichnet sich deutlich in der Leinwand im Inneren des Instruments ab (Abb. 6).

An dieser Stelle sei bemerkt, dass die Technik der Marketerie zur Gestaltung von Corpora keine feste Tradition im Instrumentenbau besitzt. Verzierungen, die eine glatte Oberfläche bilden, werden zum großen Teil durch echte Einlegearbeiten erreicht. Rand- und Griffbretteinlagen bei Streich- und Zupfinstrumenten oder die aufwendigen Schildpattdekorationen auf den Decken mancher Barockgitarren und vor allem Mandolinen sind in das Trägerholz eingelassene Elemente. Bei den zehn erhaltenen stark verzierten Instrumenten Stradivaris, von

denen die »Hellier« ein bekanntes Beispiel ist, ist eine schwarze Kittmasse in ausgehobene Kanäle eingebracht. Die Entwicklung der Marketerietechnik ist mit einem technologischen Fortschritt auf dem Sektor der Holzverarbeitung verbunden, vor allem in Bezug auf die Möbelherstellung. Im 17. Jahrhundert wurden bei aufwendig gestalteten Zupfinstrumenten, wie solche aus den Werkstätten der Familien Sellas oder Railich,[15] die Hälse oder Griffbretter auf diese Art verziert, während ein Hell-Dunkel-Effekt etwa aus Elfenbein und Ebenholz an den Böden oder Zargen meist durch abwechselnde Streifen erreicht wurde. Die Verwendung der Marketeriedekortechnik im Instrumentenbau kann durchaus als Technologietransfer verstanden werden. Deshalb liegt es auch nahe, bei Überlegungen zur Herstellung des Corpus zunächst an Arbeitsschritte aus dem Möbelbau zu denken, wie sie in historischen Quellen, zum Beispiel bei Roubo[16] beschrieben sind.

Um Furnierelemente auf Flächen aufzubringen, werden sie traditionsgemäß mit dem Furnierhammer appliziert, was für die Herstellung eines Gitarrencorpus ungewöhnlich, aber nicht undenkbar erscheint. Allerdings beschreibt Roubo auch Techniken, die dem klassischen Instrumentenbau nahe kommen. Um gebogene Furnierteile vorzubereiten, empfiehlt er, sie unter Zuhilfenahme eines Formeisens vorzuformen, um ein Brechen zu vermeiden: »Darum muss man im Falle stark gewölbter Flächen [...] die Stücke vorbiegen, bevor man sie aufleimt.«[17] Roubo beschreibt das Verformen von Holz über einem Biegeeisen mit gabelartigem Ende, das entweder flexibel gehandhabt oder in die Hobelbank eingespannt werden kann, um beide Hände frei zu haben, und das durch einen darunter gestellten Ofen gleichmäßig erhitzt werden kann. Mit einem derartigen Werkzeug, wie es in ähnlicher Form in jeder Instrumentenbauwerkstatt benutzt wird, lassen sich die Zargen biegen und auf einer Innenform fixieren. Ob nun tatsächlich Marketerie und Corpus von zwei unterschiedlich spezialisierten Handwerkern hergestellt wurden, kann nur vermutet werden.

Einen möglichen Arbeitsablauf könnte man sich wie folgt vorstellen: In eine Innenform sind der Unterklotz sowie ein dünner Oberklotz eingelassen, der später zur Halsbefestigung benötigt wird. Um den Boden zu formen, muss die Form einen Negativ-Abdruck der gewölbten Fläche darstellen. Nach dem Biegen und Festleimen der Zargen kann – wie beim Lautenbau – der Mittelteil des Bodens aufgebracht werden, der im Unter- und Oberklotz mit einem Nagel befestigt wird.[18] In der Folge lassen sich die Trennstreifen aus Palisander anfügen. Im Querschnitt der Computertomographie ist zu sehen, dass diese Streifen stärker sind als die Marketerieelemente und die Rundung an dieser Stelle von außen nachgearbeitet wurde, um einen sanften Übergang zum konkav geformten äußeren Seitenelement zu gewährleisten. Überträgt man die Beschreibungen von Ruobo, wie gewölbte Flächen mit Marketerie zu verzieren seien, auf den Instrumentenbau, wäre vorstellbar, dass nach dem Anpassen und Anleimen der äußeren Elemente nun unter Zuhilfenahme

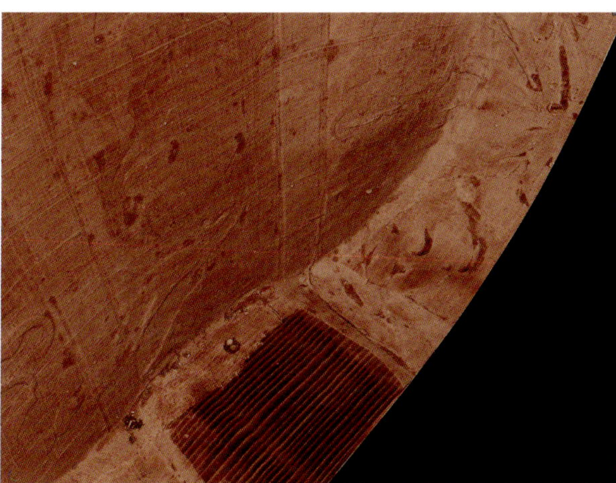

Abb. 6 TieWV 30: Blick auf den Unterklotz; das Profil der Marketerie zeichnet sich im Leinen ab.

von Wärme, Feuchtigkeit, Zulagen und Kissen[19] die Wölbung eingedrückt wird. An der Stelle der stärksten Wölbung befindet sich ein Sägeschnitt quer zur Faser, der sich nicht aus der Herstellung der Marketerie erklären lässt (Abb. 7). Bei dem beschriebenen Verformungsprozess könnte dieser Schnitt dazu dienen, ein Brechen an dieser Stelle zu verhindern. An den beiden Vergleichsinstrumenten in Weimar und London ist nicht nur dieser Schnitt zu finden (Abb. 8), sondern auch ein weiterer auf gleicher Höhe im Mittelteil des Bodens. Hier zeigen sich auch die zahlreichen Bohrungen in den Ecken des floralen Musters, die dem Einfädeln des Sägeblattes dienen oder die »Wende« der Säge zum Wechsel der Sägerichtung erleichtern. Wegen des dichteren Materials und der stärkeren konkaven Wölbung des Mittelteils war diese Maßnahme der Bruchprävention offensichtlich notwendig. Im Fall des Elfenbeininstruments in Weimar sind alle Sägeschnitte zudem durch eingeritzte Ranken verziert, um die sonst dunkel herausstechenden Linien in ein Dekorelement umzuwandeln.[20] Die Anfertigung eines Corpusnachbaus dieses Instruments (Abb. 9) in der Restaurierungswerkstatt für Musikinstrumente des Germanischen Nationalmuseums entkräftete die oben angeführten Überlegungen über den Zweck des Schnittes und führte zu einer denkbar einfachen Lösung: Sind die beiden Teile durch den Säge-

schnitt getrennt, lassen sie sich separat über dem Biegeeisen in Längsrichtung und an der getrennten Seite relativ einfach auch in Querrichtung biegen.[21] Auf der Form werden sie dann wieder zusammengefügt und ergeben eine zusammenhängende Fläche, die sowohl in Längs- als auch in Querrichtung gewölbt ist.

Nachdem der Boden geformt und auf den Zargen fixiert wurde, kann das Corpus von der Form genommen und der Hals eingesetzt werden. Auf den computertomographischen Aufnahmen ist zu erkennen, dass das Holz, das am Halsfuß zwischen den eingeschobenen Keilchen und der Zarge festgeleimt ist, eigentlich ein zusammenhängendes Holzstück war, also eine Art Oberklotz darstellt, der auf der Form fixiert war. Um den Hals einzusetzen, schneidet man also aus diesem Oberklotz und den Zargen ein keilförmiges Stück aus. Man passt den Bereich des Halses, der in das Corpus ragt, an die Rundung des Bodens an und leimt den Hals ein. Ein kleiner Keil wird dabei zwischen Halsfuß und Boden geschoben. Dieses Detail findet sich auch bei anderen Gitarren aus der Werkstatt Tielkes (TieWV 17 und TieWV 27), wie in Abb. 10 ersichtlich.[22] Um die Zwinge besser ansetzen zu können, hilft eine Vertiefung im flachen Teil des Halsblockes.[23] Zwei Keilchen drücken die Zargen an den Ausschnitt im Hals. Erst nachdem der Hals fixiert war, wurde das Leinen in das Innere des Instruments geleimt.

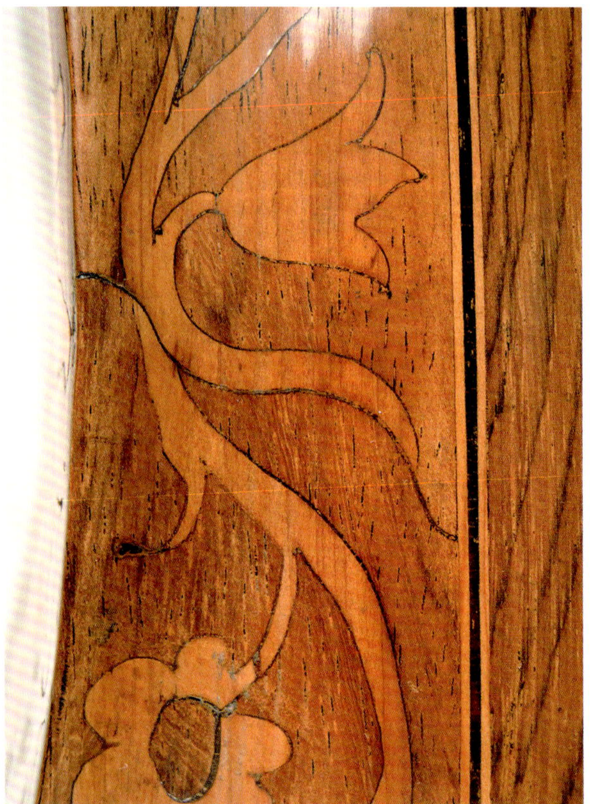

Abb. 7 TieWV 30: Auf Höhe des Mittelbügels verläuft ein geschweifter Sägeschnitt durch das äußere Marketerieelement.

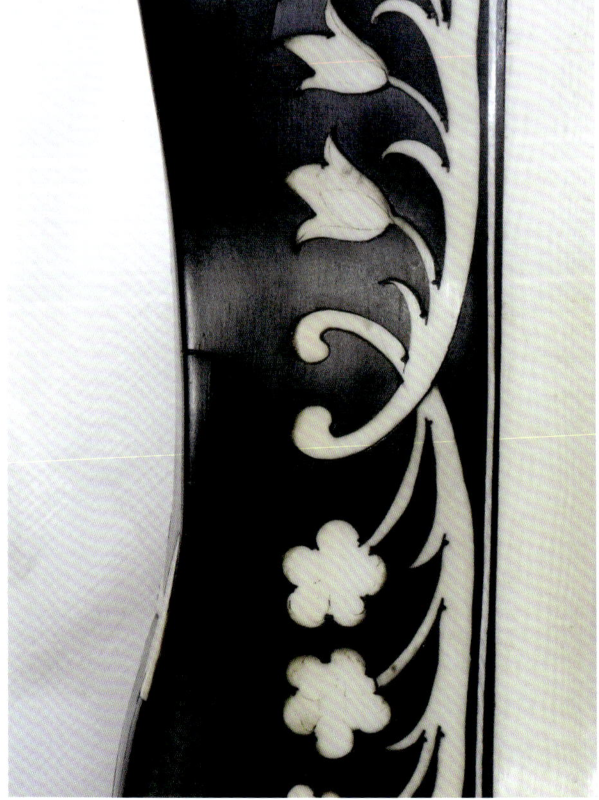

Abb. 8 Gitarre TieWV 28: An gleicher Stelle wie bei TieWV 30 befindet sich im Boden ein Sägeschnitt zur Bruchprävention.

Der Querschnitt des Halses (Abb. 11) zeigt, dass der Kern aus Nadelholz besteht. Unter dem Griffbrett, also zwischen Kern und Griffbrettfurnier, liegt noch eine weitere dünne Holzschicht. Es steht zu vermuten, dass diese Zwischenschicht aufgebracht wurde, um nach dem Anbringen des Halses und dem Aufleimen der Decke die endgültige Griffbrettebene zu adjustieren. Dies würde einer arbeitsteiligen Fertigung entgegenkommen und eine Montage der weitgehend fertiggestellten Einzelteile erleichtern.

Qualitätsunterschiede – Unterschiedliche Handwerker?

Die Übertragung einer Technik aus der Möbelfertigung auf den Instrumentenbau erfordert unter dem Licht der arbeitsteiligen Spezialisierung keine außergewöhnliche Vereinigung verschiedener Fertigkeiten in einer Person. Herstellung der Dekorelemente und Zusammenbau des Corpus können in unterschiedlichen Werkstätten vorgenommen worden sein. So ist es gut möglich, dass die Marketerieteile von einem Spezialisten hergestellt wurden, der genauso gut Dekorelemente für den Möbelbau in gleicher Qualität lieferte. Neben der hohen Präzision

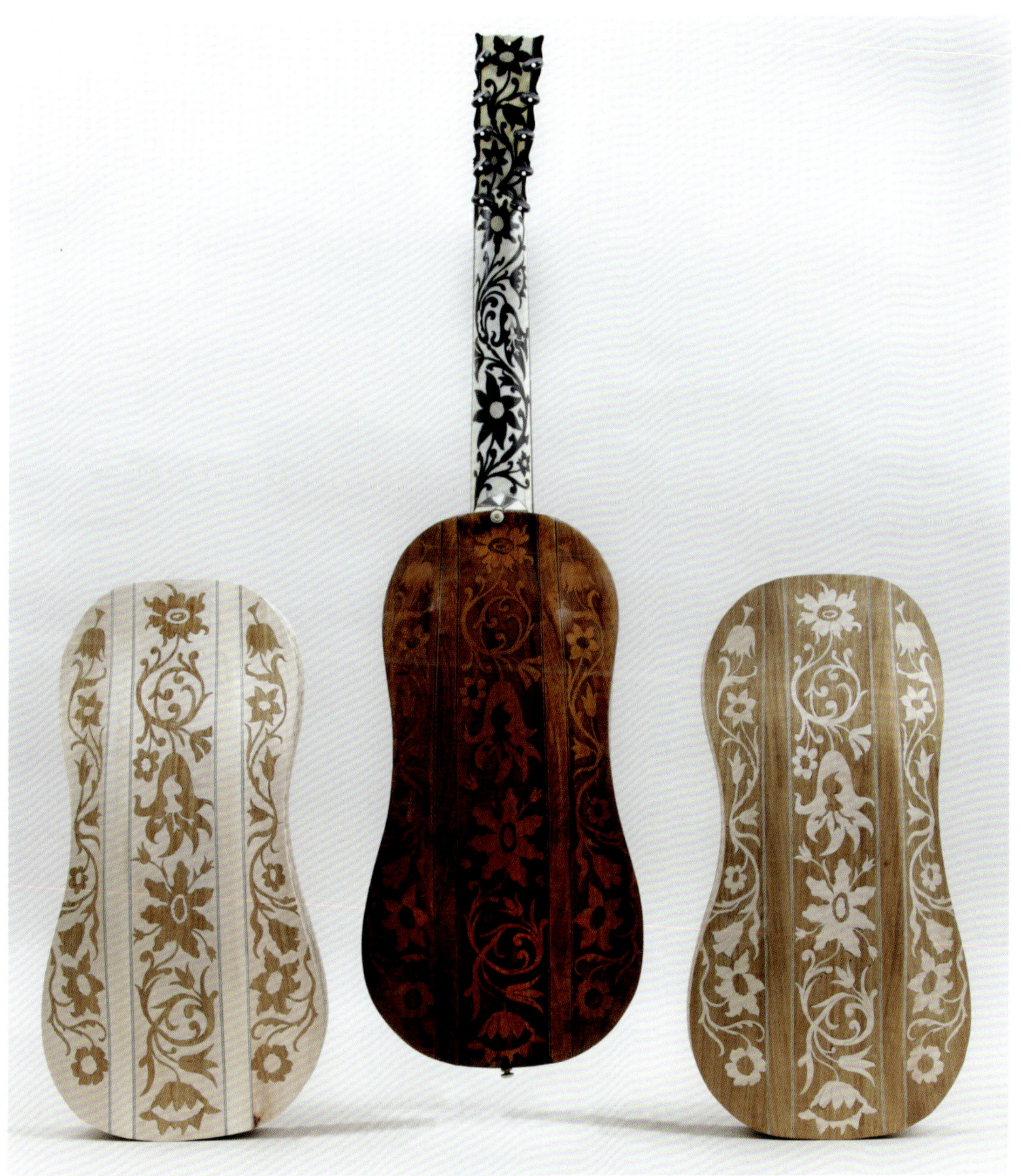

Abb. 9
Nachbau des Gitarrencorpus

der Marketeriearbeit fallen nämlich einige Ungenauigkeiten im Fertigungsprozess auf. So sind die aufwendigen Dekormuster an Boden und Zargen an manchen Stellen nicht vollständig, weil sie beispielsweise durch die Fuge zum Trennungsstreifen oder am Übergang von Zargen und Boden angeschnitten sind (Abb. 12). Die Palisanderstreifen an den Zargen fielen unterschiedlich hoch aus. Auch die Furniergestaltung an der Wirbelplatte ist nicht mittig, was sich nicht durch spätere Eingriffe erklären lässt. Sollte dieses Instrument aufgrund der Materialwahl eine im Vergleich zu den prunkvolleren Vergleichsinstrumenten in London und Weimar günstigere Variante dargestellt haben, so gilt dies an einigen Stellen auch für die Verarbeitung der exakt angefertigten Einzelteile.

Die hier angestellten Überlegungen basieren auf einer intensiven Untersuchung des Instruments und des dazugehörigen 3D-CT-Datensatzes sowie auf der Erfahrung des praktischen Nachbaus. Nicht zuletzt durch die praktische Umsetzung der Überlegungen konnten einige wertvolle Erkenntnisse gewonnen werden, die über die rein theoretische Analyse und Literatur- bzw. Quellen-Recherche hinausgehen.

Dank

Klaus Martius und Markus Raquet sei an dieser Stelle für die wertvollen Diskussionen gedankt, Susana Caldera und Gabriele Rossi Rognoni für die Möglichkeit, das Vergleichsinstrument im Royal College of Music, London, zu untersuchen, sowie Kaja Schönfelder für die Anfertigung des Nachbaus.

ANMERKUNGEN

Dieser Beitrag ist eine überarbeitete Version des gleichnamigen Artikels in: Eszter Fontana, Klaus Martius und Markus Zepf (Hrsg.), *Hinter den Tönen – Musikinstrumente als Forschungsgebiet. Festschrift für Friedemann Hellwig zu seinem 80. Geburtstag.* Nürnberg (Germanisches Nationalmuseum) 2018, S. 133–141.

1 FBH 2011, S. 160, TieWV 30.
2 Vgl. Inventarbuch der Musikinstrumentensammlung im Germanischen Nationalmuseum. Zum Ankauf siehe auch VAN DER MEER 1979, S. 28: Die Gitarre wurde 1871 mit zwölf weiteren Musikinstrumenten vom »Kgl. Bayerischen Hofantiquar A. Pickert«, Nürnberg, erworben.
3 Ein beeindruckendes Beispiel für ein Instrument, bei dem der Boden sowohl in Längs- als auch in Querrichtung gewölbt ist, ist eine Vihuela da mano im Musée de la Musique, Paris (Inv. Nr. E.0748). Die sieben Segmente des Bodens sind stark in Querrichtung gekehlt und bilden auf diese Weise ein wellenförmiges Profil, das sich auch in Längsrichtung wölbt.
4 Projekt am GNM zur Entwicklung eines Standards bei der computertomografischen Untersuchung und Vermessung von Musikinstrumenten.
5 FBH 2011, S. 144–198, Anm. 2.
6 In FBH 2011, S. 145, werden Gitarren mit einer Saitenlänge von über 70 cm und einer Stimmung E, A, D, g, h als Gitarren in Basslage bezeichnet; dafür werden drei Beispiele genannt.
7 Klassik Stiftung Weimar, Inv.-Nr. KMo/00011.
8 Royal College of Music, London, Inv.-Nr. RCM 16.

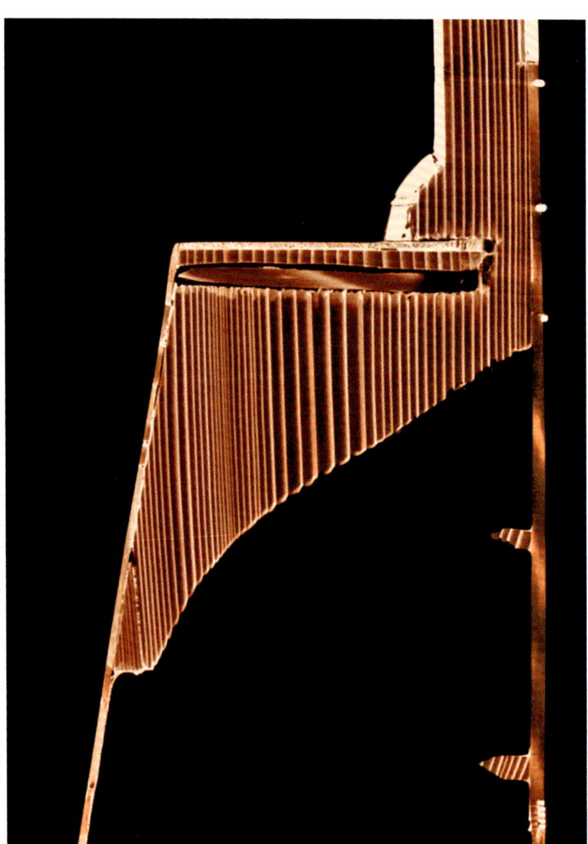

Abb. 10 TieWV 30: Querschnitt durch den Halsfuß. Ein kleiner Keil ist zwischen Halsfuß und dem gewölbten Boden zu erkennen.

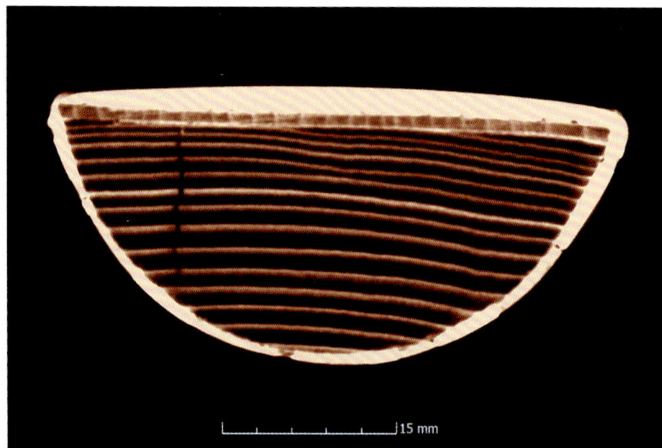

Abb. 11 TieWV 30: Querschnitt des Halses 12 cm unterhalb der Wirbelplatte (die deutliche Bruchlinie ist ohne Bedeutung).

9 171 Jahrringe plus splintseitig mindestens vier Jahrringe, die nicht
   gemessen wurden. Die Datierung wurde von Valentina Zemke
   M. Sc. der Universität Hamburg zusammen mit Dipl.-Ing.
   Dr. nat. techn. Michael Grabner und Elisabeth Wächter
   B. Sc. an der Universität für Bodenkultur Wien durchgeführt.

10 Vgl. FBH 2011, S. 145.

11 Vgl. FBH 2011, S. 148. Alle über diese Publikation zugänglichen
   Abbildungen von Halskonstruktionen bei Gitarren zeigen die
   gleiche Vorgehensweise: so etwa TieWV 135 (Museum für Kunst
   und Gewerbe, Hamburg, Inv.-Nr. 1921.74), S. 148; TieWV 140
   (Beare Collection, London), S. 195, und TieWV 65
   (Gemeentemuseum, Den Haag, Inv.-Nr. 19933-0317), S. 166.

12 Vgl. FBH 2011, S. 60.

13 Zur arbeitsteiligen Organisation der Werkstatt Tielke siehe
   HEYDE 1994, S. 374, und FBH 2011, S. 31–37.

14 Das würde allerdings nur eine der beiden Partien (première oder
   seconde) mit einem dichteren Schnitt ergeben, die andere wäre
   umso unbefriedigender.

15 Vgl. beispielsweise die Gitarren von Pietro Railich (erste Hälfte
   17. Jh., Germanisches Nationalmuseum, Inv.-Nr. MI 58) oder
   Giorgio Sellas, 1624 (Datierung fraglich, Germanisches
   Nationalmuseum, Inv.-Nr. MIR 860).

16 ROUBO 1771.

17 »C'est pourqoui dans le cas d'une partie très cintrée […] il faut
   cintrer les pieces avant de les coller, ce qui fait de la manière
   suivante.« ROUBO 1771, S. 856.

18 In den computertomographischen Aufnahmen ist der Bohrkanal
   für den Nagel im Unterklotz deutlich sichtbar. Vermutlich war
   hier, wie heute noch am oberen Teil des Bodens, ein gedrechselter
   Elfenbeinknopf eingesteckt. Das Instrument des Royal College of
   Music in London weist an dieser Stelle ebenfalls eine Bohrung auf,
   wenngleich dort kein Knopf angebracht ist.

19 Vgl. ROUBO 1771, S. 856, Taf. 295.

20 Vgl. FBH 2011, S. 156, Abb. 177.

21 Diese Erkenntnis verdankt der Autor Kaja Schönfelder,
   die mit unermüdlichem Eifer den Nachbau des Gitarrencorpus
   angefertigt hat.

22 Freundlicher Hinweis von Friedemann Hellwig.

23 Vgl. FBH 2011, S. 148.

ABGEKÜRZT ZITIERTE LITERATUR

FBH 2011
Friedemann und Barbara Hellwig, *Joachim Tielke. Kunstvolle
Musikinstrumente des Barock*. Berlin/München 2011.

HEYDE 1994
Herbert Heyde, *Musikinstrumentenbau in Preußen*. Tutzing 1994.

ROUBO 1771
Jacques-André Roubo, *Le menusier carossier, le menusier en meubles
et le menusier ébéniste* (= *L'art du menusier 2*), Paris 1771–1774.
Nachdruck. Genf 1984.

VAN DER MEER 1979
John Henry van der Meer, *Germanisches Nationalmuseum. Geschichte
einer Musikinstrumentensammlung*, in: Jahrbuch des Staatlichen
Instituts für Musikforschung Preußischer Kulturbesitz.
Berlin 1979/1980, S. 9–78.

BILDNACHWEIS

Abb. 1: Günther Kühnel, Montage: Sebastian Kirsch
Abb. 2–6, 10, 11: GNM/Fraunhofer ERZT
Abb. 7, 12: Sebastian Kirsch
Abb. 8: Sebastian Kirsch, mit freundlicher Genehmigung
des Royal College of Music, London
Abb. 9: Kaja Schönfelder

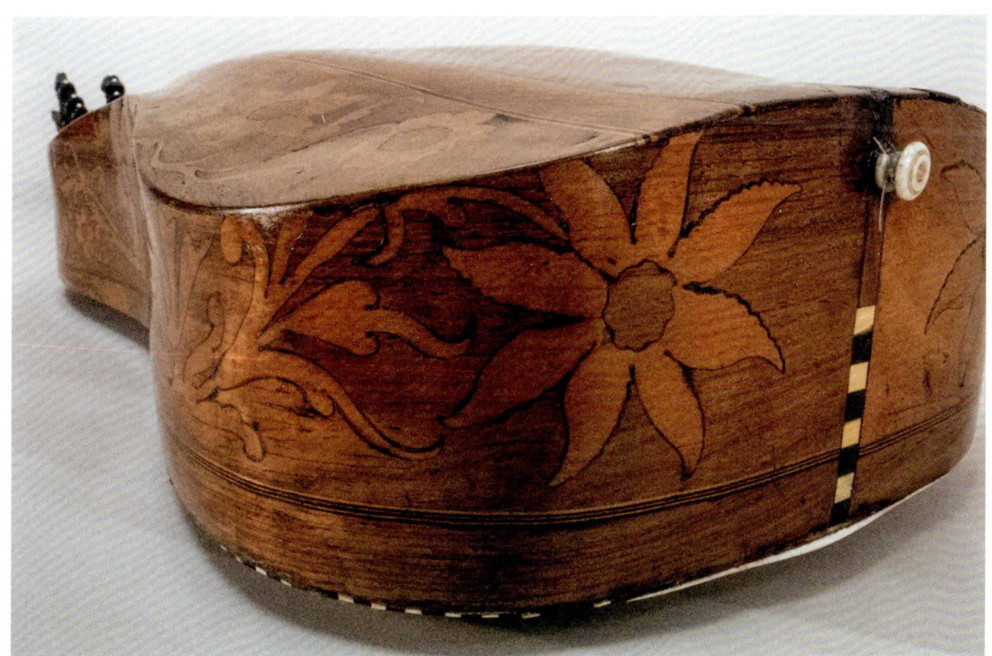

Abb. 12 TieWV 30:
Die Muster an Zargen
und Boden sind nicht
immer vollständig.

Andreas Michel

Das »Tielke-Modell« von Richard Jacob Weißgerber
Historisierender Gitarrenbau im frühen 20. Jahrhundert

Zur Rezeptionsgeschichte des Werkes von Joachim Tielke im 19. und 20. Jahrhundert gehört die Verwendung seines Namens im Kontext von Modellentwürfen und Werbestrategien zu historisierenden Instrumenten. Friedemann und Barbara Hellwig verweisen dazu auf Lautengitarren der Firma Windisch im vogtländischen Schöneck.[1] Otto Windisch (1866–1935), ein Verleger und Instrumentenhändler, bot zwischen 1910 und etwa 1930 ein Lautengitarrenmodell mit der Bezeichnung »Tielke-Laute« oder auch »Joachim TielkeLaute« an (Abb. 1).

Bei dem Modell handelt es sich aus organologischer Sicht um eine sechssaitige Gitarre mit Zargenkorpus in Lautenform, wobei die Anlehnung an Zistern (English Guitar, Waldzither) und Flachmandolinen offensichtlich ist. Diese Flachlauten der Firma Windisch mit dem Markennamen »Tielke« gehörten in den 1920er Jahren in der »Zeitschrift für Instrumentenbau« zu den meistbeworbenen Artikeln. Sie werden dort nicht nur in unzähligen Annoncen angepriesen, sondern auch in Berichten immer wieder wohlwollend besprochen: »Tielke-Lauten, Flachlauten, die sich durch ihre großartige Klangfülle besonders gut

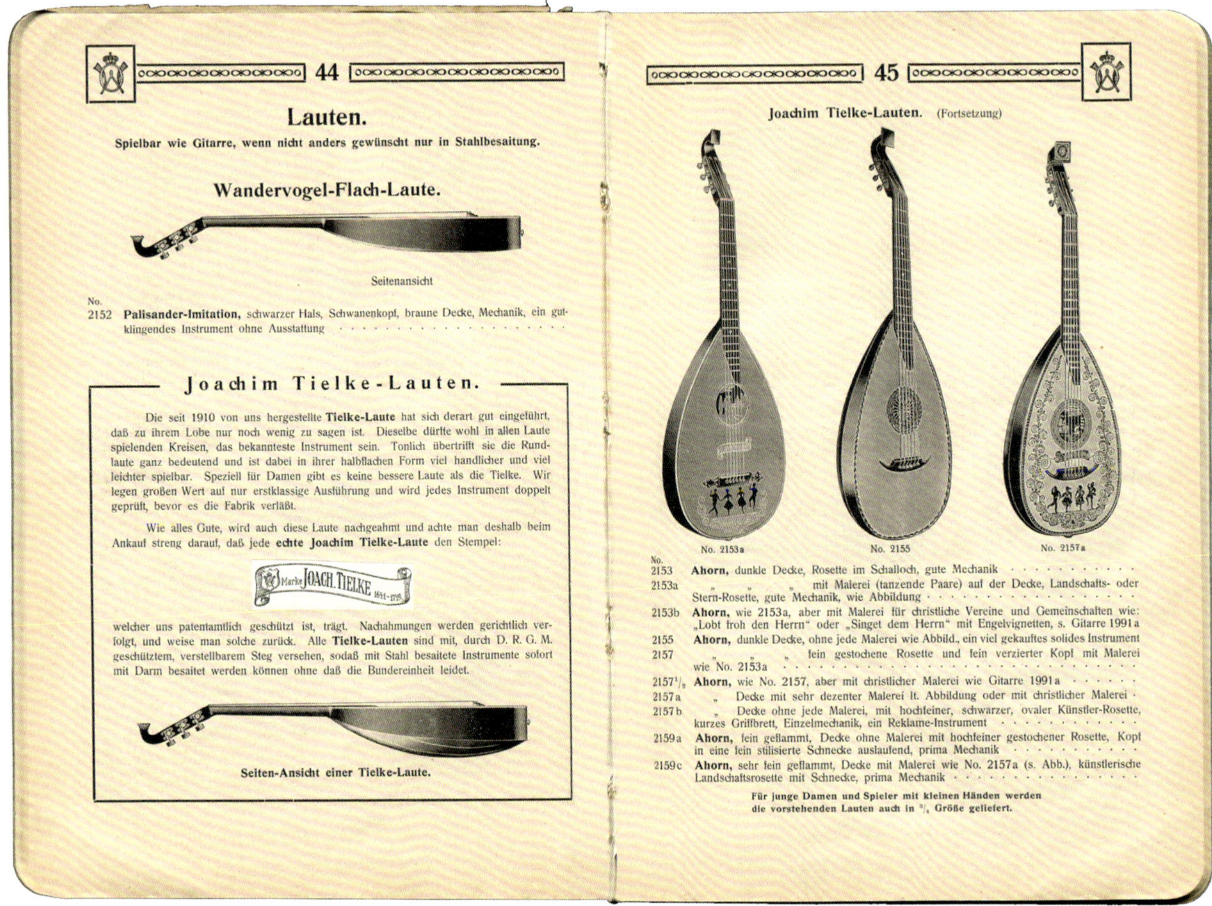

Abb. 1 Haupt-Katalog E der Firma Otto Windisch (Inhaber: Gebr. Otto & Paul Windisch), Schöneck i. Sa., Oelsnitz, um 1925, S. 44–45. In dieser Ausgabe des zitierten Kataloges ist das Markensignet überklebt. Verdeckt dadurch wird ein ähnliches Signet mit dem Zusatz »Ges. Gesch. W. 33135«. Das damit suggerierte Warenzeichen scheint eine falsche oder unzulässige Angabe zu sein (vgl. Abb. 2).

für Wandervögel eignen, dann doppelchörige Lauten für Konzertzwecke, ferner Lauten in altdeutscher Form«.[2] Wenige Jahre später ist von einer »überaus gut eingeführten« Tielke-Flachlaute die Rede,[3] verbunden mit der Ankündigung, »die Firma wird diesmal als Neuheit die ›Tielke-Baßlaute‹ (D.R.G.M. 916940) bringen, die in Bezug auf Handlichkeit und Ton alle bisherigen Baßlauten übertrifft«.[4] Auf der Frühjahrsmesse 1926 stellt Windisch »erstmalig eine neue Tielke-Laute für Herren und Berufsspieler, welche sicher das Interesse aller Lautenfreunde erregen wird«, vor.[5] Im Bericht zur »Musikinstrumenten-Industrie auf der Leipziger Herbstmesse 1929« kann man lesen: »Die Firma Otto Windisch in Schöneck war mit ihren altbekannten Joachim Tielke-Lauten, Starkton-Mandolinen, Owophone-Banjos, Violinen, Celli, Baßgitarren, Ukuleles usw. vertreten und fand wieder reiche Anerkennung ihrer Leistungen«,[6] und schließlich reicht es am Ende des Jahrzehnts aus, von »Flachlauten (System Tielke)«[7] zu sprechen, um auf den Verkaufserfolg und die Bekanntheit des Instrumentenmodells zu verweisen.

Die Instrumente von Windisch müssen grundsätzlich unter dem Aspekt der Serien- und Massenfertigung gesehen werden. Ihr handwerklicher, musikpraktischer und künstlerischer Wert divergiert erheblich von dem des historischen Bezugsobjekts und darf sicher als Marginalie gelten. Friedemann Hellwig bezeichnet deshalb die »Tielke-Lauten« Windischs hanseatisch zurückhaltend und freundlich als »Kuriosität«,[8] die sie zweifellos auch, aber nicht zuvörderst waren.

Dem Vorbild der Firma von Otto Windisch folgend, vertrieben in den 1920er Jahren weitere Hersteller und Händler, wie das Markneukirchener Musikhaus Heinrich Moritz Schuster oder die Firma Johannes Adler, sogenannte Tielke-Lauten.[9]

Es sind mehrere Aspekte, die zusammen kommen: Die industrielle Serien- bzw. Massenproduktion unter dem Diktat der Kostenminimierung, die Auffassung des Instruments als »Kunstgewerbe«, das Bestreben, für große Käuferschichten die Nachfrage nach erschwinglichen und alltagstauglichen Instrumenten (ohne die das Laienmusizieren, die Wandervogelbewegung, die kleinbürgerliche Hausmusik, das proletarische Kulturleben usw. undenkbar wären), zu befriedigen.

Bereits um 1925 kreierte die Firma Otto Windisch als »Neuheit« in gleicher Weise eine »Tielke-Gitarre«. Bis auf die Besonderheit des achtspänigen Bodens handelte es sich um ein zeitgenössisches Standardmodell ohne erkennbaren historischen Bezug. Auch hier diente der Name des Hamburger Meisters als reine Markenbezeichnung (Abb. 2). Allerdings war die Firma Windisch nicht die erste, die den Namen Tielke im Zusammenhang mit Gitarren verwendete. Bereits 1921 stellte die Markneukirchener Firma Albin Wurlitzer (1882–1953) eine »Tielke-Gitarre« auf der Leipziger Frühjahrsmesse aus.[10]

Der erste Markneukirchener Gitarrenbauer, der ein Gitarrenmodell »Tielke« baute, dürfte aber Richard Jacob »Weißgerber« gewesen sein. Richard Jacob konzipierte um 1918 ein sogenanntes Tielke-Modell, das in Bezug auf instrumentenbauliche Qualität, Originalität und vor allem Klangqualität hohe

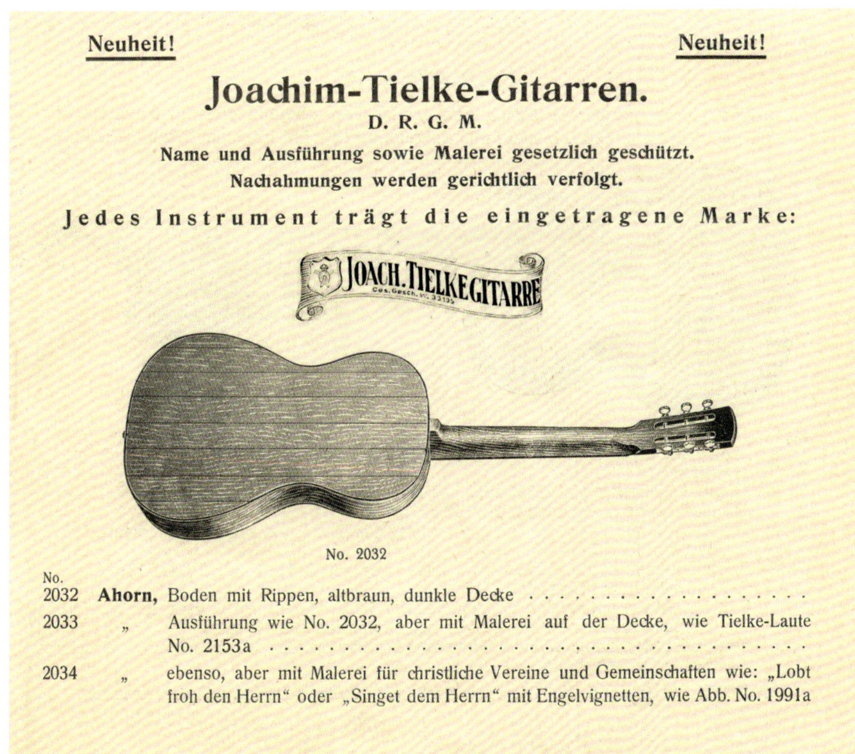

Abb. 2 Haupt-Katalog E der Firma Otto Windisch (Inhaber: Gebr. Otto & Paul Windisch) Schöneck i. Sa., Oelsnitz, um 1925, S. 39

Ansprüche erfüllte und Eingang in die professionelle Musikpraxis gefunden hat.[11] Seine Arbeiten sind nicht unter dem Gesichtspunkt der arbeitsteiligen Massenfertigung entstanden, sondern vor allem als individueller kunsthandwerklicher Instrumentenbau zu betrachten.

Die Vermittlung von Instrumenten Tielkes

Neben Friedemann Hellwigs berechtigter Frage nach der mutmaßlichen Bekanntheit des Namens in den Käuferschichten im ersten Drittel des 20. Jahrhunderts[12] wäre es zunächst interessant zu erfahren, woher die vogtländischen Instrumentenbauer und -händler den Namen und die Werke Tielkes überhaupt kannten. 1677, Joachim Tielke war 36 Jahre alt, gründete sich in Markneukirchen die erste vogtländische Geigenmacherinnung. Sie forderte in ihrer Meisterprüfungsordnung den Bau von Viola da gamba, Zister und Diskant-Violine.[13] Im Gegensatz zum Geigenbau sind Gamben und vor allem Zisternbau im Vogtland nur wenig erforscht. Insbesondere zu dem in der Meisterprüfung erwähnten Zisternmodell existieren kaum Quellen. Auf das zweite Jahrzehnt des 19. Jahrhunderts lässt sich eine erst jüngst wieder aufgetauchte Innungslade der Klingenthaler Geigenmacherzunft datieren.[14] Die Lade zeigt neben den Abbildungen von Violine, Viola d'amore, Viola da gamba und Laute zwei »Hamburger Zithrinchen« (Abb. 3), ein spezifisches Diskantzisternmodell, das auf Joachim Tielke zurückgeht[15] und

fast ausschließlich im Raum um Hamburg, Lübeck und Kopenhagen verbreitet war. Ob es sich hier lediglich um die Übernahme eines Bildtopos handelt oder ob ein unmittelbarer Bezug zu vor Ort vorhandenen Instrumenten besteht, ist unklar. Nach den Innungsartikeln der Klingenthaler Geigenmacher wäre hier um diese Zeit eher eine Gitarre zu erwarten.[16]

Man kann davon ausgehen, dass die vogtländischen Instrumentenbauer spätestens seit dem Beginn des 20. Jahrhunderts die Qualität der Instrumente von Joachim Tielke kannten. Zwar besitzt das 1883 in Markneukirchen gegründete Gewerbemuseum in seiner umfangreichen Sammlung kein Originalinstrument von Tielke, aber die Bibliothek des Museums sammelte systematisch die Veröffentlichungen zum Instrumentenbau und zur Instrumentenkunde, Literatur zur Akustik, Werkstoffkunde sowie die Kataloge zu Sammlungsbeständen, ebenso Fachzeitschriften, vor allem die »Zeitschrift für Instrumentenbau«.[17] Aus dieser Literatur dürfte Werk, Leben und Bedeutung Joachim Tielkes ausreichend bekannt gewesen sein. Die beiden Artikel von Hans Nirrnheim in der »Zeitschrift für Instrumentenbau« aus dem Jahr 1900, die Tielke als herausragenden deutschen Instrumentenbauer würdigen,[18] fanden im Vogtland sicher große Beachtung. Allein in den Ausgaben, in denen die Beiträge über Tielke standen (1. und 21. Mai 1900), inserierten fast drei Dutzend vogtländische Hersteller.[19]

Die Veröffentlichungen von Hans Nirrnheim zur Geschichte des Hamburger Instrumentenbaus, die auch ein mit Abbildungen versehenes Verzeichnis zu Instrumenten von Joa-

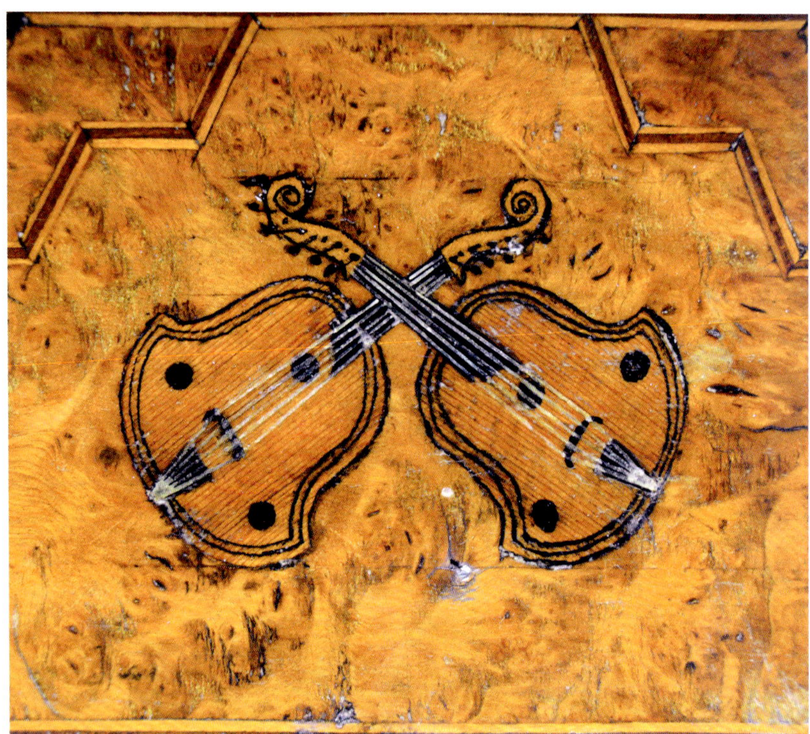

Abb. 3 Detail der Innungslade der Klingenthaler Geigenmacherinnung mit Darstellung von »Hamburger Zithrinchen«, sächsisch, um 1815/20. Privatbesitz

chim Tielke enthalten (u. a. Fotografien von Zithrinchen, Viole da gamba, Lauten)[20] sowie zahlreiche weitere Artikel in der »Zeitschrift für Instrumentenbau«,[21] die Tielke als hervorragenden Instrumentenbauer würdigen, trugen sicher wesentlich dazu bei, die Wertschätzung Tielkes durch die vogtländischen Instrumentenbauer zu befördern. Zudem gab es zahlreiche Möglichkeiten für die Gitarrenbauer, Joachim Tielkes Instrumente in Museen und auf Ausstellungen kennen zu lernen, zum Beispiel auf dem »VI. Internationalen Gitarristentag« in München 1904, auf dem mehrere historische Zupfinstrumente aus dem Leipziger Musikhistorischen Museum Paul de Wits gezeigt wurden.[22]

Die vogtländischen Instrumentenmacher erwarben die Wertschätzung von Arbeiten aus Joachim Tielkes Werkstatt außerdem auf direktem Weg. Zu Beginn des 20. Jahrhunderts gelangten mehrere Instrumente Joachim Tielkes in die Werkstätten vogtländischer Geigenmacher, denen sie zu Reparaturen oder Restaurierungen übergeben wurden. Der Klingenthaler Geigenmacher Carl Oswald Meisel (1878–1935) beispielsweise reparierte 1906 eine Violine von Joachim Tielke.[23] Peter Harlan (1898–1966), der 1936 eine Laute von Tielke reparierte, erwähnte rückblickend, dass die Erfahrungen mit Reparaturinstrumenten Tielkes für die vogtländischen Instrumentenmacher wichtig waren.[24] Allerdings gibt es keine Belege für Arbeiten an Gitarren Tielkes.

Verschiedene Würdigungen Joachim Tielkes zeigen, wie nahe sich die vogtländischen Instrumentenbauer dem Meister mit ihren eigenen professionellen Idealen fühlten. So schreibt etwa Paul de Wit: »Einer der besten deutschen Meister, der hinsichtlich Feinheit der Arbeit und prächtiger Ausstattung der Instrumente unübertroffen da steht«,[25] oder Willibald Leo von Lütgendorff: »Einer der berühmtesten deutschen Lauten- und Geigenmacher seiner Zeit, der namentlich in der künstlerischen Ausschmückung das Höchste leistete, was überhaupt je geleistet worden ist«.[26] Dass Joachim Tielke einen Manufakturbetrieb mit Arbeitsteilung, angestellten Handwerkern, Zulieferern und kaufmännischer Leitung betrieb,[27] wussten die vogtländischen Instrumentenmacher wahrscheinlich nicht. Es wäre aber sicherlich ganz in ihrem Sinne und ihnen zusätzlich Vorbild gewesen.

Das Tielke-Modell von Weißgerber

Richard Jacob »Weißgerbers« Bedeutung als herausragender Gitarrenbauer des 20. Jahrhunderts gründet sich auf eine Vielzahl von Einflüssen, auf regionale Traditionsbezüge und kreative Konzepte. Kann als Ausgangspunkt seiner Entwicklung die relativ autarke Gitarrenbautradition im sächsischen Vogtland gelten, so erlangt er spätestens in der Mitte der 1920er Jahre eine Individualität, die ihn nicht nur als hervorragenden Handwerker ausweist, sondern auch als unermüdlich Suchenden, als

scharfsinnigen Beobachter der Entwicklung eines Instruments, das sich in einer wichtigen Phase seiner Emanzipation als modernes Konzertinstrument befand.

Richard Jacob wurde am 11. Februar 1877 als zweitältestes von acht Kindern des Gitarrenbauers Carl August Jacob (1846–1918) in Markneukirchen geboren. In den Jahren 1891 bis 1894 absolvierte er eine Ausbildung zum Zithermacher und arbeitete anschließend drei Jahre als Zithermachergehilfe. Nach dem Militärdienst 1897–1899 in Straßburg wandte er sich dem Gitarrenbau zu. Sechs Jahre war er als Gehilfe bei dem Gitarrenbaumeister Wilhelm Voigt tätig, der zuvor einige Zeit in Amerika geweilt hatte. 1905 begann Richard Jacob seine selbstständige Tätigkeit als Instrumentenbaumeister (Abb. 4), arbeitete bis zu seiner Heirat 1911 mit Maria Magdalena Wächter aus Töpen (Bayerisches Vogtland) aber zunächst in der Werkstatt seines Vaters. 1921 ließ er sich den Hausnamen »Weißgerber«, der der Tradition seiner Vorfahren entsprang, als Markenname schützen. Seine Instrumente erhielten seitdem den Brandstempel »Weissgerber«.

Richard Jacob steht zunächst in der Tradition der schon zu Beginn des 19. Jahrhunderts im sächsischen Vogtland einsetzenden Fertigung von sechssaitigen Gitarren, die im Wesentlichen im Hausgewerbe erfolgte, wobei der Meister allein oder mit wenigen Gehilfen arbeitete. Oft befanden sich die Werkstätten in der Wohnung. Anders als im Geigenbau, wo die Arbeitsteilung sehr stark ausgeprägt war, fertigten die Gitarrenbauer sowohl die meisten Bestandteile als auch die Instrumente selbst. Der Vertrieb erfolgte bis zur Jahrhundertwende ausschließlich

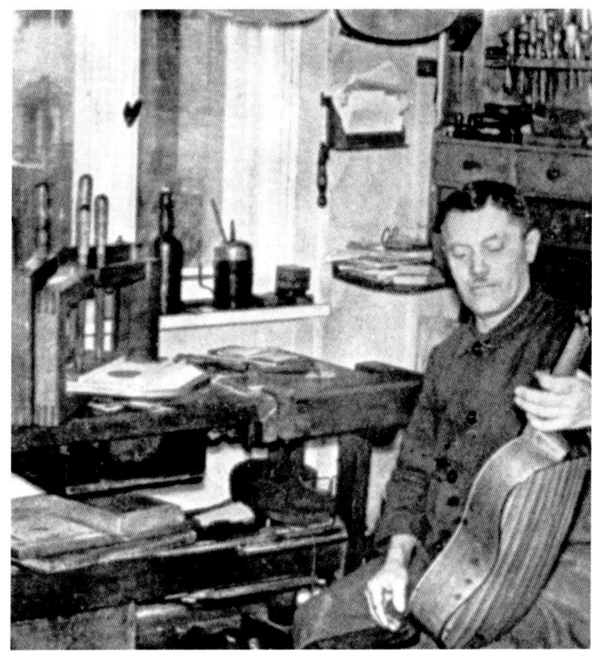

Abb. 4 Richard Jacob »Weißgerber« in seiner Werkstatt in Markneukirchen, Goethestraße 2, bei der Arbeit an einem Tielke-Gitarrenmodell, Ansichtskarte, um 1937 (Ausschnitt). Archiv des Museums für Musikinstrumente der Universität Leipzig

über die großen Verlegerfirmen. Zeitlebens führte Richard Jacob seine Werkstatt als Familienbetrieb, seit 1929 in seinem eigenen Haus in der Goethestraße Nr. 2. Außer seinen beiden Söhnen Arnold (1917–1944) und Martin (1911–1994) beschäftigte er keine weiteren Mitarbeiter. Richard Jacob starb am 17. Juli 1960 in Markneukirchen.[28]

Zu Beginn der 1930er Jahre gab Richard Jacob einen zwölfseitigen Katalog zu seinen Instrumenten heraus, von ihm selbst als »Preisliste mit Abbildungen« bezeichnet.[29] Der Katalog enthält eine Übersicht und Kurzbeschreibungen der von ihm gebauten Gitarrenmodelle: »Wiener Modell«, »Münchener Modell«, »Torres-Modell«, Weißgerbers eigenes »Modell Rekord«, »spanische« Modelle. Einen Teil bilden »Kopien nach klassischen Meistern«. Als ein Modell »besonderer Art« wird »Weißgerbers ›Tielke‹-Gitarre (auch Vihuela oder Chitarra battenta)« herausgestellt, das er mit den Worten erläutert: »Stilechte, altitalienische Bauart nach Joachim Tielke, Hamburg (um 1700), dem besten alten deutschen Instrumentenbauer« (Abb. 5).[30]

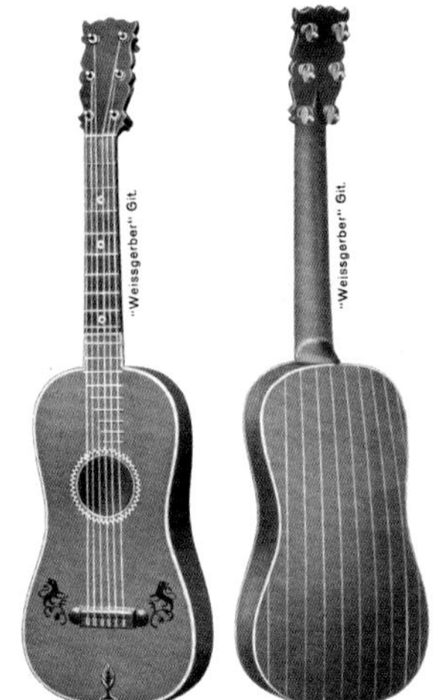

Abb. 5 Seite 10 aus: Richard Jacob (Weißgerber) / Goethestraße 2 / Markneukirchen i. Sachsen / Kunstwerkstätte für Gitarrenbau / Gegründet 1872: Preisliste »WEISSGERBER«GITARREN, Markneukirchen um 1935; die Riegelschweife stellen stilisierte Löwen dar, wohl eine Reminiszenz an das Markneukirchener Stadtwappen.

Das »Tielke-Modell« konzipierte Richard Jacob um 1918, in seinen Arbeitsbüchern zunächst als »Damenmodell mit 11teiligem Boden« bezeichnet.[31] Vor allem waren es einige stilistische Aspekte der Barockgitarre, die in den Entwurf einflossen, wie Korpusumriss, Dekor und in erster Linie der gewölbte und aus Spänen zusammengesetzte Boden (Abb. 6a, b).

Es ist jedoch nicht möglich, von einer einheitlichen Konzeption des »Tielke-Modells« zu sprechen. Ganz in der Tradition des vogtländischen Gitarrenbaus stehend, kombinierte Jacob unterschiedlichste Ausführungen von instrumentenbaulichen Elementen und Details. Stegformen, Schalllocheinfassungen, Ausführungen des Wirbelbretts (mit hinterständigen Steckwirbeln oder als Wirbelkasten mit Mechanik), Randeinlagen, Griffbrett (deckengleich oder auf die Decke geleimt) weisen eine große Vielfalt und stilistische Großzügigkeit auf. In seinem Muster-Buch vom Juli 1918 (Abb. 7)[32] hält Jacob fest:

»No. 32 geliefert d. 22./11.24 an Hug. Zürich. Tielke-Git. Rio Jakr. 21teilig mit weißen Holzspänen. Ho[h]le Rippen. Elfinit Ränder. politierte Decke u. gebeizt. Am Zargen ein Span untergelegt. 6 eckiges, doppelt verschlungenes Bandeinlagen Schalloch mit Elfenbeinaugen und massiven Elfenbein ausgelegte Ebenholz Einlage in der Decke unten. Mit Elfenbein eingelegter Steg u. mit Elfenbeinaugen, Griffbrett v. Ebenholz mit 10 Bünde v. Elfenbein, nicht ho[h]l. und eingefasst mit Ebenholz. Einlage wie im Schalloch. Vernickelte Patentwirbel v. Ebenholz, mit Elfenbeinaugen eingelegt u. politiert Nussbaumhals u. Kopf. Kopf doppelt mit Ebenholz forniert. In der Mitte Einlage wie in Schalloch. Kopf vorn Namenschild v. Elfenbein.«

In welchem Maße hier Kundenwünsche einflossen, kann anhand der existierenden Quellen schwer beurteilt werden. Dass Richard Jacob ein in sich geschlossenes und stilistisch homogenes »Tielke-Modell« im Auge hatte, beweist die Ausführung der von ihm exponierten und in seinen Katalogen auch als eines der teuersten Instrumente vermerkten Gitarre.

In der Sammlung des Studienganges Musikinstrumentenbau der Westsächsischen Hochschule Zwickau befindet sich ein Exemplar dieses herausragenden Referenzmodells (Abb. 8a–c).[33] Das 1923 gebaute Instrument verfügt zusätzlich zu den bei Weißgerber-Gitarren üblichen Signaturen (Zettel, Brandstempel und Opus-Nummer auf dem oberen Querbalken) über eine handschriftliche Bleistiftsignatur auf der Innenseite der Decke (Abb. 9 und 10).

Im Unterschied zu vielen anderen der »Tielke-Gitarren« Weißgerbers besitzt das Instrument einen Boden aus 21 Ebenholzspänen, die mit Ahornadern gefugt sind. Die frühen Arbeiten stattete er mit elf, später mit 21, 25 bis 37 Spänen aus.[34] Von Joachim Tielke sind einige wenige Gitarren bekannt, deren Böden ebenfalls aus elf Spänen zusammengesetzt sind,[35] die meisten seiner Gitarrenböden verfügen aber über weitaus weniger Späne, um ausreichend Fläche für Marketerien zu bieten. Richard Jacob bezeichnete sein »TielkeModell« auch als »Vihuela« oder »Chitarra battenta« (vgl. Abb. 5). Eine differenzierte

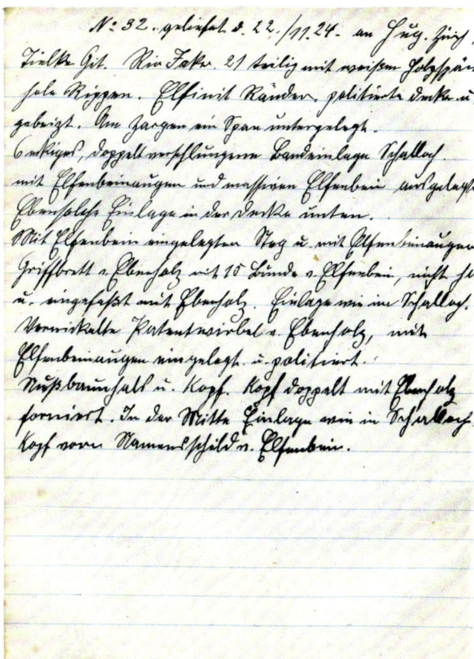 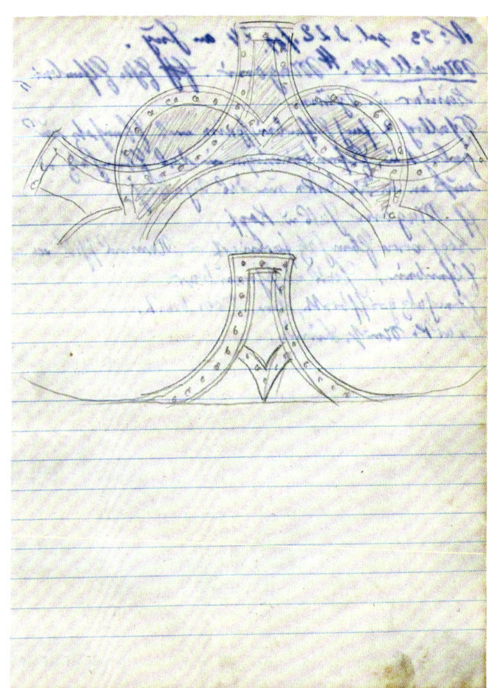

Abb. 6a, b Richard Jacob: »Muster-Buch vom Juli 1918 an«. Markneukirchen 1918ff. (Ms.), S. 56: Beschreibung einer an die Fa. Hug in Zürich gelieferten Gitarre. – S. 57: »Tielke«-Modell No. 32; Bleistiftskizzen zur Schalllocheinfassung und zum Deckenornament über dem Unterklotz

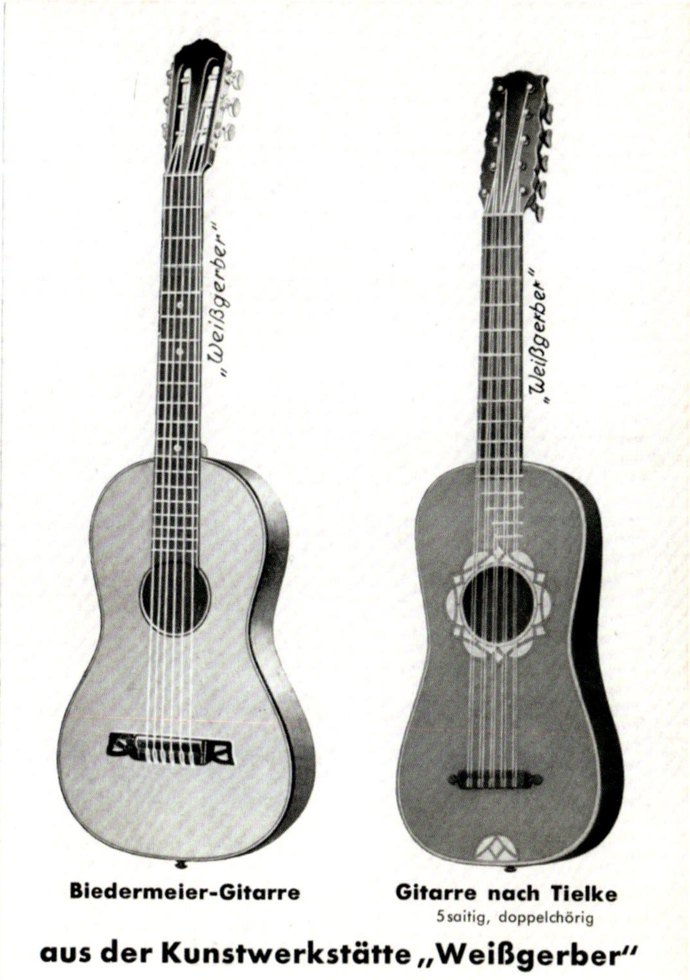

Abb. 7 Werbepostkarte der Kunstwerkstätte von Richard Jacob »Weißgerber«, Markneukirchen, um 1935: Das »Tielke-Modell« ist doppelchörig und mit hinterständigen Wirbeln ausgeführt; der Dekor, die Stegform und der Umriss des Wirbelbretts verweisen reduktionistisch stilisierend auf barocke Grundformen.

Verwendung der Namen kann dabei nicht festgestellt werden, so dass von einer weitgehend synonymen Verwendung der drei Bezeichnungen auszugehen ist.

Das Verständnis der Bezeichnung »Chitarra battente« entsprach dem damaligen Wissensstand. So schrieb Curt Sachs 1913: »Das Instrument ist m. E. ein Petrefakt der Vihuela«;[36] bei Hermann Ruth-Sommer findet sich die vereinfachte Formel: »vihuela di mano = chitarra battente«.[37] Im damaligen Verständnis war das wichtigste Merkmal einer Chitarra battente der »stark gewölbte Boden«.[38]

Bei Instrumenten Jacobs aus den 1930er Jahren, die eine etwas größere Korpusbreite aufweisen,[39] wird die Modellbezeichnung »Vihuela« gebraucht, wenngleich deutliche Unterschiede nicht erkennbar sind. Martin Jacob klassifizierte die beiden Gitarren Inv.-Nr. 4757 und 4758 der Leipziger Sammlung als »Vihuela«,[40] obwohl sie eigentlich »Tielke-Modelle« sind.

Die Proportionen des »Tielke-Modells« von Richard Jacob entsprechen weitgehend denen vieler italienischer und französischer Barockgitarren. Das Verhältnis von Korpuslänge zu maximaler Korpusbreite beträgt 9 : 5, ein Wert, der auch bei

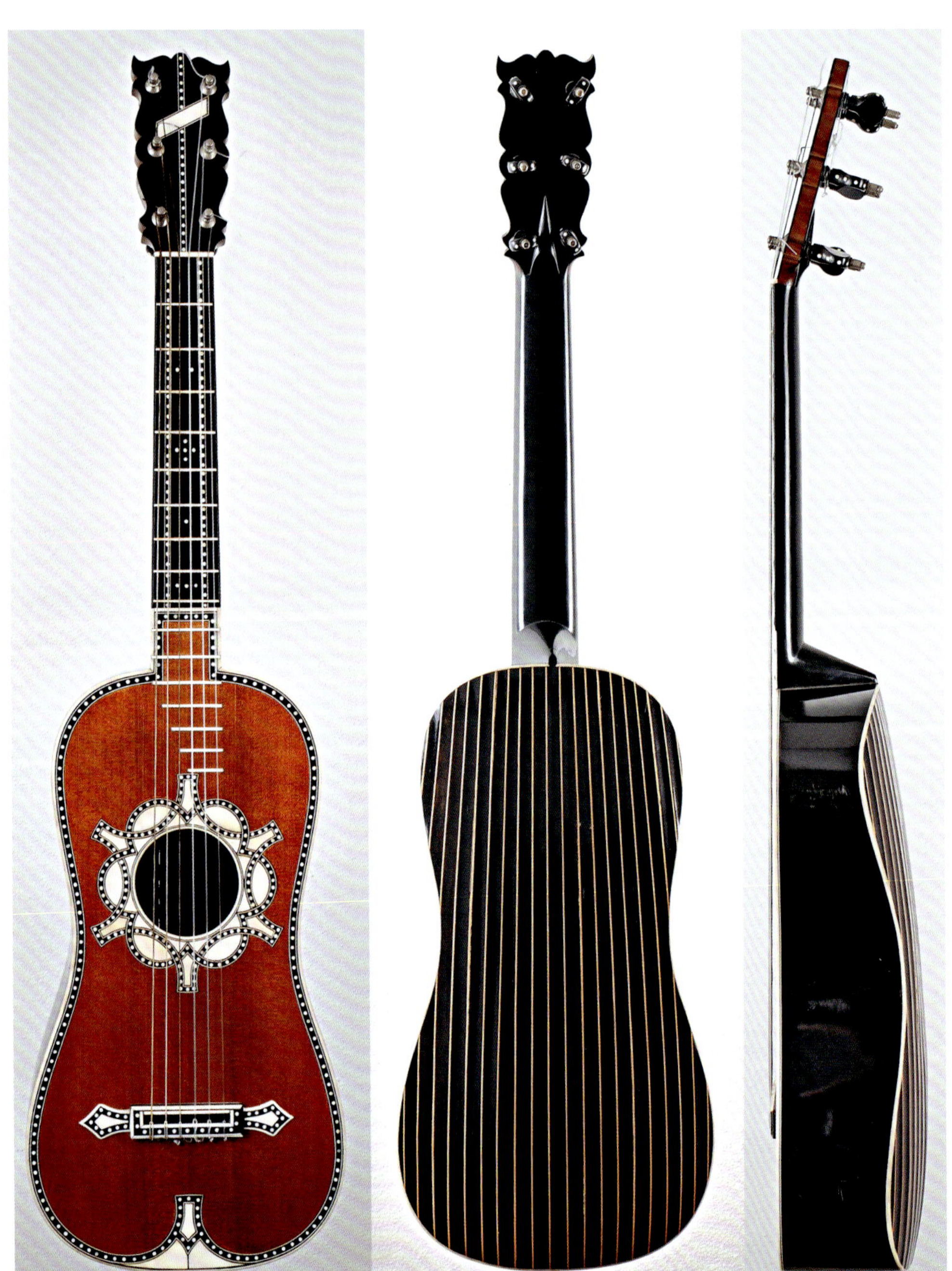

Abb. 8a–c Richard Jacob »Weißgerber«: Gitarre Modell »Tielke«, Markneukirchen 1923, Werk-Nr. 24. 6/6. Westsächsische Hochschule Zwickau, Studiengang Musikinstrumentenbau Markneukirchen

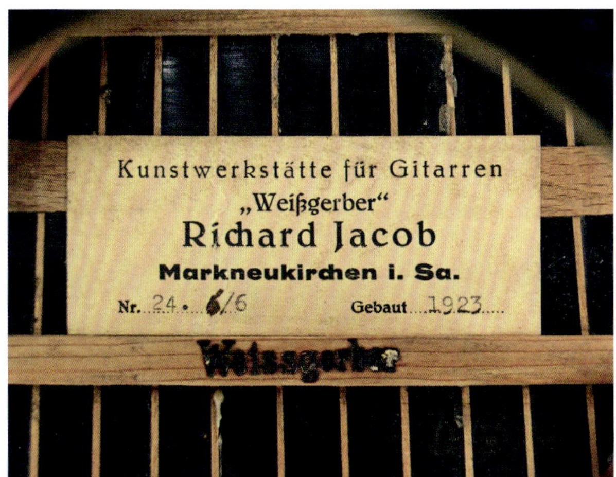

Abb. 9 Richard Jacob »Weißgerber«: Gitarre Modell »Tielke«, Markneukirchen 1923, Werk-Nr. 24. 6/6, Signatur: Zettel (37 × 88 mm), gedruckt, Opus-Nr. und Jahreszahl Schreibmaschine, Brandstempel auf Querleiste des Bodens. Westsächsische Hochschule Zwickau, Studiengang Musikinstrumentenbau Markneukirchen

Streichinstrumenten häufig vorliegt.[41] Von den Gitarren Joachim Tielkes weisen sieben genau diese Proportion 9 : 5 auf,[42] bei weiteren sechs Instrumenten weicht das Verhältnis von Korpuslänge zu Korpusbreite nur minimal von diesem Wert ab.[43] Ein quadratischer Maßgrund über der unteren Korpusbreite legt die Lage der minimalen Korpusbreite sowie der unteren Schalllochbegrenzung fest.

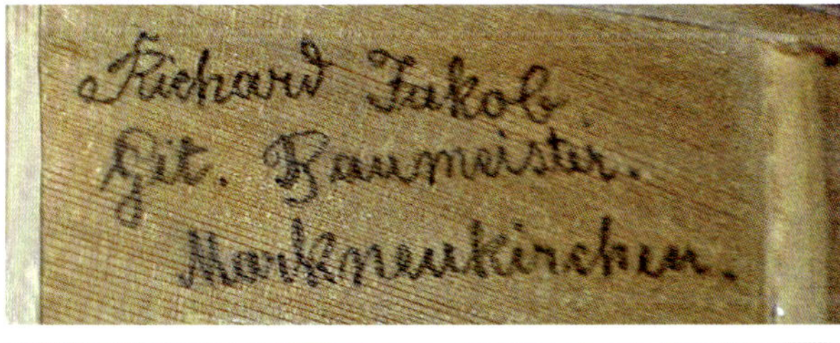

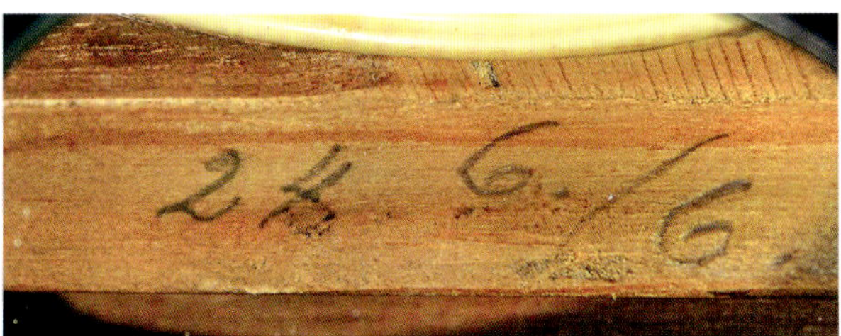

Abb. 10a, b Richard Jacob »Weißgerber«: Gitarre Modell »Tielke«, Markneukirchen 1923, Werk-Nr. 24. 6/6, Signatur (Bleistift) auf der Innenseite der Decke, bassseitig unter dem Schallloch sowie Vermerk der Werk-Nr. auf der oberen Querleiste. Westsächsische Hochschule Zwickau, Studiengang Musikinstrumentenbau Markneukirchen. – Zum Zeitpunkt der Verfertigung dieser Decke schrieb Richard Jacob seinen Nachnamen noch mit k, er änderte die Schreibweise in den 1920er Jahren dann in »Jacob«.

Die Deckenbeleistung mit vier Querbalken sowie fünf Strahlenleisten (Abb. 11) folgt ebenso wie die Ausarbeitung der Deckenstärken dem Standard des zeitgenössischen Gitarrenbaus seit dem zweiten Drittel des 19. Jahrhunderts. Richard Jacob schien sich bei seinem »Tielke-Modell« vor allem an äußeren Merkmalen des Vorbildinstruments orientiert zu haben.

Bei dem Bau der »Tielke« bzw. Barockgitarrenmodelle ging es Jacob jedoch nicht in erster Linie um direkte oder sinngemäße formstilistische Zitate. Wie sein Sohn Martin Jacob retrospektiv ausführte,[44] diente die Beschäftigung mit historischen Vorbildern in erster Linie der Verwirklichung eines eigenen Klangpostulats. In Jacobs erster Schaffensphase, die vor seiner Bekanntschaft mit der Torresgitarre liegt, versuchte er, mit kleinen, sogenannten Biedermeiermodellen und verschiedenen

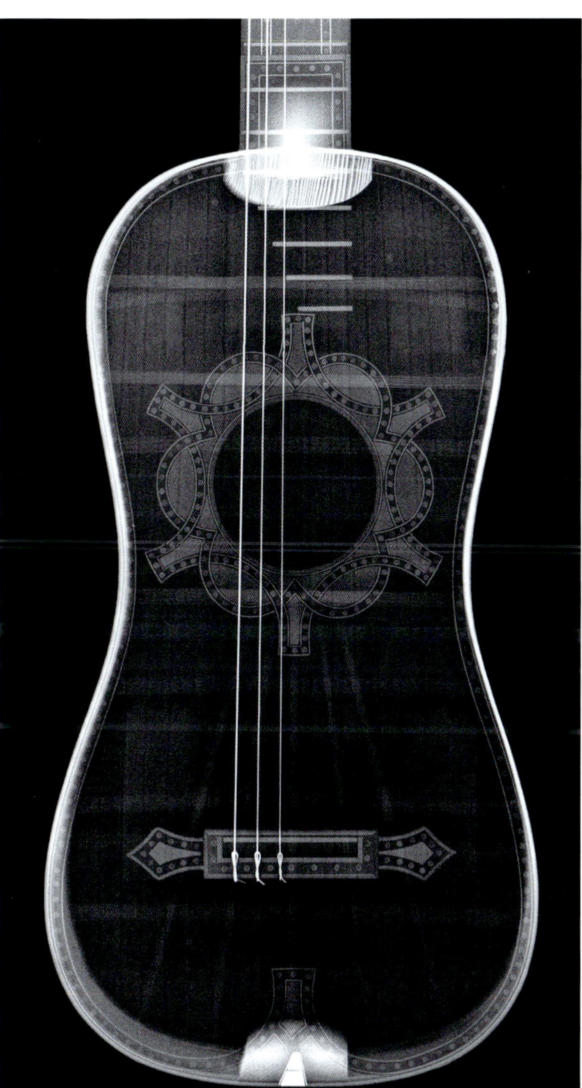

Abb. 11 Decke und Bodenbeleistung des »Tielke-Modells« 24.6/6 von Richard Jacob »Weißgerber«: vier Deckenquerleisten, fünf Strahlenleisten; sechs Bodenleisten, sieben Furnierstreifen auf dem Boden

»Wiener« Formen einen großen Konzertgitarrenklang zu realisieren, allerdings ohne den gewünschten Erfolg. Dieser »große Ton« konnte zwar mit Stahlsaiten erzeugt werden. Der, so schrieb Martin Jacob später, »entsprach aber nicht seinem Klangideal. Er verwendete oben Darmsaiten und unten versilberten Draht auf Naturseide. Sein Spitzenmodell war diesbezüglich die Vihuela von Joachim Tielke (1641–1719). In Markneukirchen war die Zeit für die spanische Konzertgitarre noch nicht reif.«[45]

Im Vogtland begannen im ersten Drittel des 20. Jahrhunderts zahlreiche Instrumentenmacher ihr Interesse auf historische Gitarren zu richten. Im Vordergrund standen dabei zunächst Eignungsmöglichkeiten für die zeitgenössische Musikpraxis. Gefragt wurde unter anderem nach dem »Vorzug alter, guter Gitarren«.[46] 1920 schrieb beispielsweise der Instrumentenbauer Peter Harlan: »Bei einer Gitarre kommt es nicht so auf die Stärke des Tones an, sondern auf seine Tragfähigkeit.«[47]

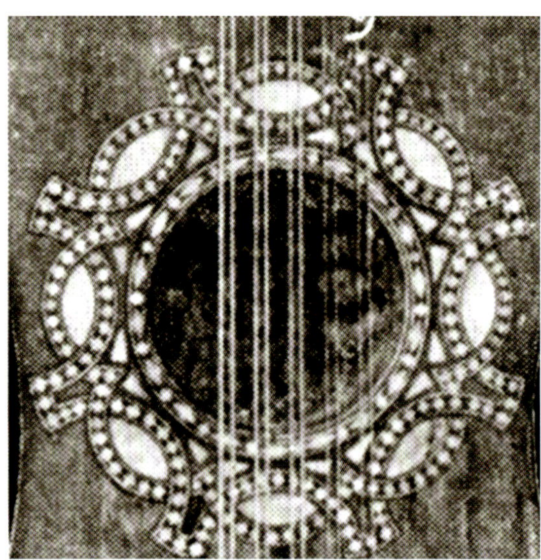

Abb. 12 Barockgitarre, Italien, um 1650, unsigniert. Leipzig, Musikinstrumenten-Museum der Universität, Inv.Nr. 534, Kriegsverlust. Reproduktion (Detail) aus: Georg Kinsky, Musikhistorisches Museum von Wilhelm Heyer in Cöln. Katalog, Bd. 2: Zupf- und Streichinstrumente. Cöln 1912, S. 137

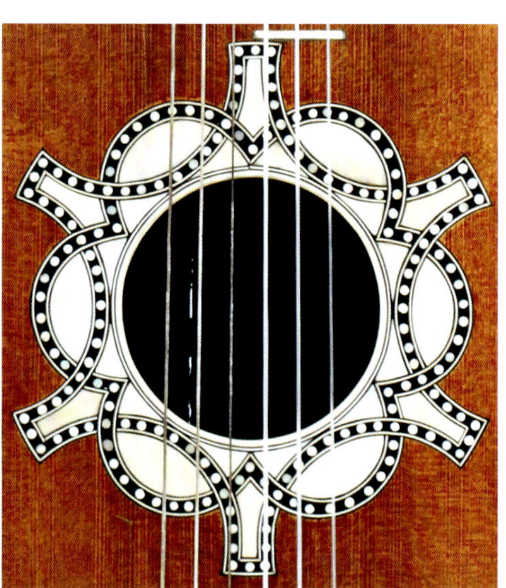

Abb. 13 Richard Jacob »Weißgerber«: Gitarre Modell »Tielke«, Markneukirchen 1923, Opus-Nr. 24.6/6. Westsächsische Hochschule Zwickau, Studiengang Musikinstrumentenbau Markneukirchen

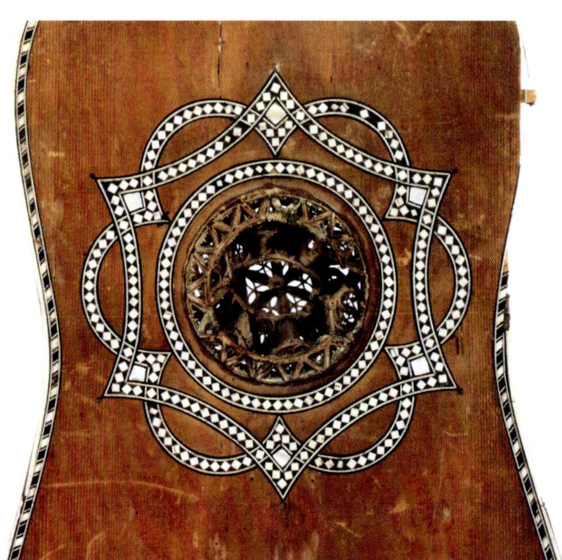

Abb. 14 Barockgitarre, Italien, um 1650, unsigniert. Leipzig, Museum für Musikinstrumente der Universität, Inv.Nr. 541, Abb. aus: MICHEL/NEUMANN 2016 (wie Anm. 52), S. 45

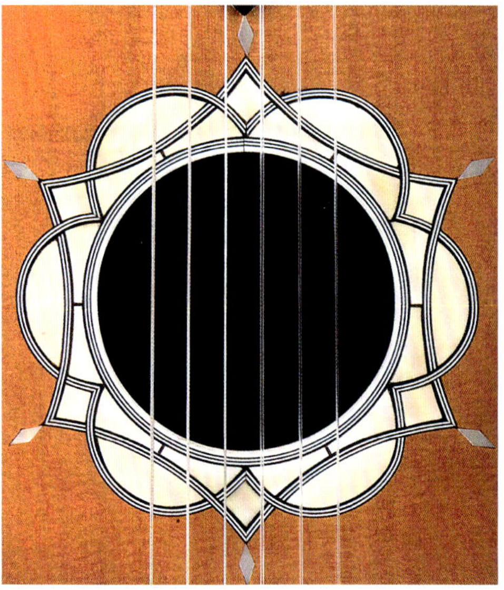

Abb. 15 Richard Jacob »Weißgerber«, »Tielke-Modell«, Opus-Nr. 26.0/8 (Markneukirchen 1924), vgl. HANUSCH 2011 (wie Anm. 28), S. 291

Inwieweit Richard Jacob die Rekonstruktion von Klangeigenschaften historischer Instrumente beabsichtigte und ob er sich mit Aspekten der Interpretation und des Klangstils historischer Musik beschäftigte, lässt sich aufgrund fehlender Quellen kaum zuverlässig beantworten. Er repräsentierte hier zweifellos typische Haltungen seiner Zeit, wenn er behauptet, dass sich seine Renaissance- und Barockmodelle »zur stilechten Wiedergabe« alter Musik eigneten:

»Historische Lauten für die neue Hausmusik aus der Kunstwerkstätte ›Weißgerber‹. Vihuela Nr. 91, RenaissanceLaute Nr. 92, große hist. Knickhals-Laute Nr. 93 sind nach altem Stil des 16. Jahrhunderts gebaute, ausgesprochene Künstlerinstrumente, doppelchörig besaitet, von leichtester Spielbarkeit und Reinheit, mit edlem silbernen Klang. Sie eignen sich besonders zum Zusammenspiel mit Blockflöten und Gamben und zur stilechten Wiedergabe alter Lautenmusik der Renaissancezeit. / Nr. 91 Vihuela, 11saitig, ist eine altitalienische Bauart in Gitarreform, mit lautenartig gewölbtem Boden und mit hohen Zargen. Es werden nur allerbeste Edelhölzer dazu verwendet und ist mit festen Bünden. Der Kopf hat nach rückwärts stehende Wirbel. Der Ton dieses Instrumentes ist sehr gut und weich. / Die Stimmung ist in Terz: Gg, Cc, Ff, aa, dd, g. Diese Vihuela baue ich auch 6saitig, oder auch doppelchörig in Primstimmung.«[48]

Die Tendenz, historisierende Zupfinstrumente wieder doppelchörig zu besaiten, setzte im Vogtland bereits vor 1920 ein, wie ein Bericht von Heinrich Wiesenthal 1919 zeigt: »Die ursprünglich mit 14 bis 15 Saiten bezogene Laute ist heute 6-saitig; sie ist in Besaitung und Spiel völlig zur Gitarre geworden, doch machen sich bereits Bestrebungen bemerkbar, den Saitenbezug doppelchörig zu gestalten, wie es ursprünglich der Fall war.«[49]

Allerdings blieben Bestrebungen nach einem direkten Nachbau eines Vorbildinstruments eher die Ausnahme. Die Beschäftigung mit historischen Vorbildern führte Jacob in der Regel zu freieren Nachbildungen, die zwar die Anregung erkennen lassen, aber mehr und mehr die Handschrift »Weißgerber« aufweisen. Dabei spielten ästhetische Kriterien der Auswahl erlesener Materialien und deren Kombination, der Gestaltung von Rändern und Spänen, von Schalllochumrandungen oder Kopfformen eine außerordentliche Rolle. Man sieht diesen frühen Arbeiten die große Detailverliebtheit, die kunsthandwerkliche Raffinesse und den außergewöhnlichen Gestaltungssinn Richard Jacobs an. Insgesamt jedoch trägt der Schaffensabschnitt weitgehend historisierenden Charakter.

Deutlich wird das vor allem an der Qualität der Gestaltung. Markantestes Merkmal des Dekors der Gitarre 24.6/6 bildet die aus Elfenbein und Ebenholz gestaltete Schalllocheinfassung. Die Grundfigur besteht aus einem sechseckigen Stern mit eingezogenen Seiten sowie sechs Halbkreisen, die zu einem das Schallloch einfassenden Blatt geformt sind. Richard Jacob hat die beiden Grundformen durch Adern aus Ebenholz mit Rand

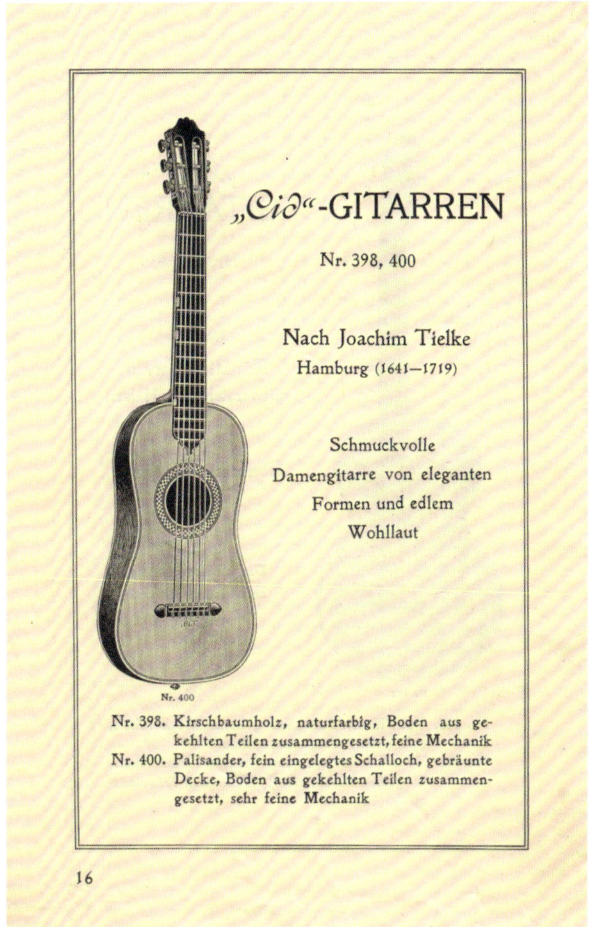

Abb. 16 Katalog Nr. 54 der Handelsfirma Gebrüder Schuster, Markneukirchen, um 1920, S. 16: »Tielke-Modell« von Richard Jacob »Weißgeber«. Die Gestaltung für den anonymen Versandhandel verzichtet bis auf die Korpusform mit gespäntem Boden auf stilistische Anleihen im barocken Gitarrenbau: Die Ausführung des Wirbelkastens mit Schraubenmechanik, das auf der Decke aufliegende Griffbrett, moderne Bundmarkierungen und die Form der Stegflügel entsprechen dem zeitgenössischen Gitarrenbau der 1920er Jahre; lediglich der breite Schalllochring mit geometrischer Würfel- bzw. Schachbrettornamentik geht auf eine schlichte barocke, auch bei Joachim Tielke vorkommende Grundform zurück (vgl. TieVW 65, 91, 111, 118, 133, 135, 141).

spänen und Punkten aus Elfenbein als ineinander verschlungene Bandornamente ausgearbeitet. Er greift damit direkt Vorbilder von Barockgitarren, unter anderem auch von Tielkes Instrumenten, auf.[50]

Als Vorbild könnte die unsignierte Barockgitarre gedient haben, die sich bis zur Mitte der 1920er Jahre in der Sammlung Wilhelm Heyer in Köln (seit 1926 in Leipzig) befand (Abb. 12). Ob Richard Jacob dieses Instrument in Köln sehen konnte oder ob er bei seinen Vorstudien auf den 1912 publizierten Katalog von Georg Kinsky zurückgriff, bleibt unbestimmt. Auf jeden Fall ist die Anlehnung deutlich (Abb. 13).

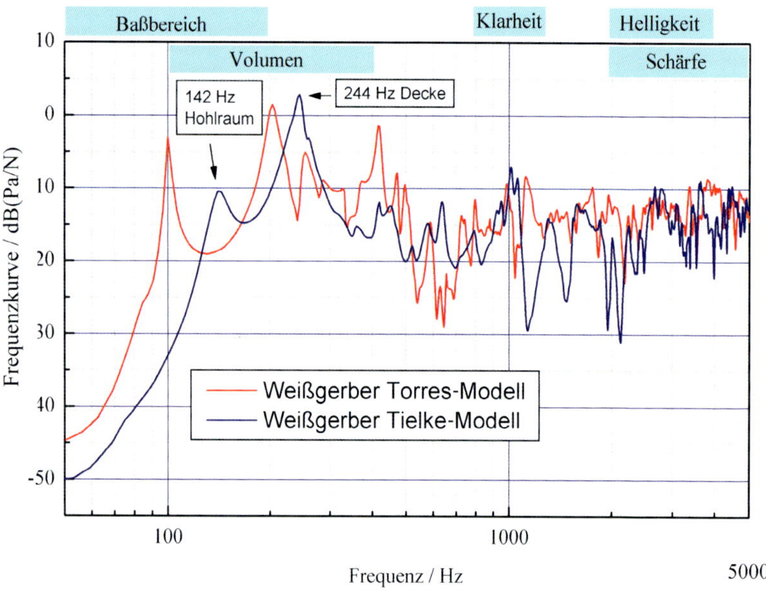

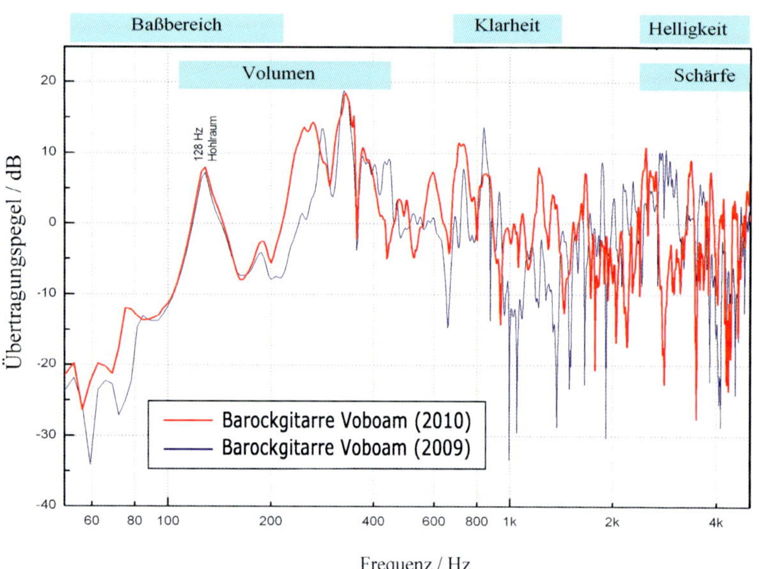

Abb. 17 Frequenzkurvenmessungen eines Weißgerber Torres-Modells (Opus-Nr. 19.0.1., Markneukirchen 1933, Privatbesitz), des Weißgerber Tielke-Modells (Opus-Nr. 24.6/6., Markneukirchen 1923) und von Nachbauten zweier Barockgitarren (Dieter Schossig, 2009 und 2010, nach Alexandre Voboam). Bei der Diskussion der Frequenzkurven ist der logarithmische Frequenzmaßstab zu beachten.

Die Hypothese zum Bezug auf die Kölner Heyer-Sammlung wird erhärtet, wenn man weitere Instrumente vergleichend heranzieht. So orientiert sich die Form der Schalllocheinfassung des »Tielke-Modells« 26.0/8 (1924)[51] an der unsignierten, in Fragmenten überlieferten Gitarre Inv.-Nr. 541 der Heyer-Sammlung (Abb. 14 und 15).

Auch die Idee, die Grundgestalt der üppigen Marketerie über dem Unterklotz gespiegelt und symmetrisch zu Segmenten der Schalllocheinfassung auszuführen, findet sich vorbildhaft bei einer Gitarre von Pietro Railich, Venedig um 1650, die ebenfalls zur Sammlung von Wilhelm Heyer gehörte.[52] Wie bei dieser Gitarre sind auch bei Jacob die drei geometrischen Einlagen über dem Unterklotz gespiegelte Zitate von Figuren der Schalllocheinfassung.

Obwohl Richard Jacob unter seinem Markennamen »Weißgerber« als eigenständige und von Händlern unabhängige Werkstatt in Markneukirchen firmierte, belieferte er in den 1920er Jahren aus wirtschaftlichen Gründen zuweilen auch große Versandhändler wie die Gebrüder Schuster und F. & R. Enders. Das im Katalog Nr. 54 der Gebrüder Schuster (um 1920) vertretene »Tielke-Modell« verschweigt den Instrumentenbauer und stellt bis auf den gespänten Boden zudem eine schlichte, gestalterisch reduzierte Fassung dar (Abb. 16). Es existieren jedoch auch von Weißgerber signierte Instrumente dieser Bauart mit identischem Dekor.[53]

Das »Tielke-Modell« von Richard Jacob ist also weder ein Nachbau noch eine wirkliche bauliche Reminiszenz an den Hamburger Meister. Es deutet zwar mehr oder weniger Züge und Merkmale einer Barockgitarre an, bleibt jedoch der Tradition des historisierenden Instrumentenbaus verhaftet. Was Jacobs Arbeit aber von denen seiner vogtländischen Konkurrenten deutlich abhebt, ist die hervorragende handwerkliche Qualität, die individuelle Gestaltung und eine außergewöhnliche Klangqualität. Insofern gebraucht er den Namen Joachim Tielkes nicht zuvörderst als Markenbezeichnung, Werbeträger oder sogar Kundentäuschung, sondern klassifiziert seine Instrumentenkonzeptionen im Sinne seiner Zeit für einen anspruchsvollen Kundenkreis.

Die Hypothese, dass Richard Jacob mit seinem »Tielke-Modell« ein eigenes Klangpostulat realisieren wollte, wird durch akustische Messungen bestätigt.[54] Der Vergleich der Frequenzkurven von historischen Barockgitarren mit denen des »Tielke-Modells« (Opus-Nr. 24.6/6, Markneukirchen 1923) und eines »Torres-Modells« (Opus-Nr. 19.0.1., Markneukirchen 1933) von Weißgerber zeigt das deutlich (Abb. 17). Bei den beiden Weißgerber-Gitarren fällt die große Ähnlichkeit der beiden Frequenzkurven im unteren Bereich auf. Das »Tielke-Modell« zeigt das Verhalten des nach höheren Frequenzen hin verschobenen »Torres-Modells«. Auffällig ist die Abstimmung von Hohlraumresonanz und erster Deckenresonanz bei beiden Instrumenten. Sie entspricht einer Oktave bzw. etwas unter einer Oktave. Weiterhin ist bemerkenswert, dass die erste Deckenresonanz bei beiden Weißgerber-Iinstrumenten praktisch nicht untergliedert ist. Das deutet auf eine gleichartige konstruktive Grundidee hin. Bei den Barockgitarren hingegen liegen die Abstände zwischen Hohlraum und Deckenresonanz sehr deutlich über einer Oktave. Hinzu kommt die starke Untergliederung der ersten Deckenresonanz.

Richard Jacob baute bis zum Ende seines Schaffens sein »Tielke-Modell«, immer auf der Suche nach Veränderung und neuen baulichen Lösungen. Er sah aber keine Veranlassung zum exakten Nachbau historischer Instrumente aus dem 17. und 18. Jahrhundert. Inwieweit seine historisierenden Gitarren in Zukunft Bestand haben werden, ist schwer zu sagen. Ob die hohe instrumentenbauliche Qualität und der markante, typische »Weißgerber-Klang« ausreichen, um diesen Instrumenten dauerhaft Wertschätzung zu verleihen und ob seine Arbeiten genau wie die Joachim Tielkes auch zukünftig als herausragende Meisterwerke der Instrumentenbaukunst Würdigung finden, bleibt abzuwarten.

ANMERKUNGEN

Dieser Beitrag ist eine überarbeitete Version des gleichnamigen Artikels, in: Eszter Fontana, Klaus Martius und Markus Zepf (Hrsg.), *Hinter den Tönen – Musikinstrumente als Forschungsgebiet. Festschrift für Friedemann Hellwig zu seinem 80. Geburtstag.* Nürnberg (Germanisches Nationalmuseum) 2018, S. 73–85.

1 FBH 2011, S. 41 und 54 sowie Abb. 29; Friedemann Hellwig: Joachim Tielke-Nachahmungen. www.tielke-hamburg.de/htm/ nachahmungen.htm [Zugriff am 30.06.2016]. – Am 9. Juli 1914 meldete Otto Windisch das Warenzeichen »Joachim Tielke-Laute« an (Erteilung am 9. Oktober 1914), vgl. ZfI 35, 1914/1915, Nr. 4 vom 1. November 1914, S. 42.

2 ZfI 41, 1920/1921, Nr. 19 vom 1. April 1921, S. 747.

3 ZfI 45, 1924/1925, Nr. 10 vom 15. Februar 1925, S. 604.

4 ZfI 45, 1924/1925, Nr. 22 vom 15. August 1925, S. 1410.

5 ZfI 46, 1925/1926, Nr. 10 vom 15. Februar 1926, S. 476.

6 ZfI 49, 1928/1929, Nr. 24 vom 15. September 1929, S. 1039.

7 ZfI 50, 1929/1930, Nr. 12 vom 15. März 1930, S. 410.

8 FBH 2011, S. 54.

9 Musikhaus Heinrich Moritz Schuster, Markneukirchen in Sachsen: Katalog Nr. 83 und Preisverzeichnis Nr. 6 zum Katalog 83. Markneukirchen, um 1910, S. 10: »Tielke-Flach-Lauten« und »Tielke-Flach-Baß-Lauten«; Heinrich Moritz Schuster, Musikhaus, Markneukirchen i. S., Nr. 10: Katalog Nr. 86; Markneukirchen, um 1910, o. S.: »Flach-Lauten mit nur etwas gewölbt. Boden, sogen. Tielke-Lauten« (Nr. 913–917), »mit prima ausgesägten Schallochrosetten. Ohne Mehrkosten wird auf der Decke auf Wunsch bunter Bild-Abzug angebracht«; E. Paul Todt: Katalog über Musikinstrumente, Bestandteile, Saiten, Erlbach, um 1930, »Joachim Tielke-Flachlauten« (Nr. 21532157a); vgl. WELLER 2015, S. 245.

10 »Die Firma Alwin [Albin] Wurlitzer in Markneukirchen i. Sa. hatte zur Messe in ihrem Meßlokal Schloßgasse 2 ausgestellt. In der Hauptsache Musikinstrumente, darunter eine sehr schöne Tielke-Gitarre, ferner ein Ausnahmeinstrument von besonderem Klang, eine Münchner Baßgitarre mit 9 Baßsaiten und 6 Melodiesaiten, darin eine sogenannte Lutherlaute und eine Konzertlaute. Hervorragende Instrumente.« ZfI 41, 1920/1921, Nr. 19 vom 1. April 1921, S. 749.

11 Vgl. Gitarren von Richard Jacob Weißgerber (1877–1960), gespielt von Thomas Müller-Pering, CD Raumklang RK 2006, Leipzig 2001 (Instrumentarium Lipsiense 4); Nr. 3: »Tielke Modell«, Leipzig, MusikinstrumentenMuseum der Universität, Inv.-Nr. 4758. Die Weißgerber-Gitarren des MusikinstrumentenMuseums Markneukirchen, gespielt von Christof Hanusch, CD Tonus Arcus, Markneukirchen 2008; »TielkeModelle«, Markneukirchen, Musikinstrumentenmuseum, Inv.Nr. 1897 und 5169. Siehe auch: Thomas Müller-Pering: Gitarren von Richard Jacob »Weißgerber«: Klangbeispiele. www.studiainstrumentorum.de/MUSEUM/ WEISSGERBER/weissg_audio.htm [Zugriff 24.03.2018].

12 Vgl. FBH 2011, S. 54.

13 Innungsartikel der Geigenmacher vom 6. März 1677, § 9 der Bestimmungen für die Meisterprüfung: »1. Eine Discant-Geige mit schönem Holze, den Halß rein eingelegt, das Griffbrett gewurffelt, den Boden und Decke auch mit dreyfachen Spähnen sauber eingeleget, 2. Eine Zitter von schönem Holz und rein auff dem Register; 3. Eine Viola di Gambe mit Brücken und sechs Seiten ohne tadel, und sollen alle drey Stücke in gelber Farbe seyn ohne Flecken«. Zit. nach ZOEBISCH 2000, S. 39; vgl. auch ZOEBISCH 2001, S. 10.

14   Vgl. BRUNNER 2016, S. 19 und Abb. S. 12.

15   Vgl. FBH 2011, S. 199–219.

16   Als Bildvorlage käme ein Stahlstich aus der »Allgemeinen
     Musikalischen Zeitung«, 28, Beilage zu Nr. 39 vom 27. September
     1826, in Frage, der ein Hamburger Zithrinchen aus dem Museum
     der Gesellschaft für Musikfreunde in Wien zeigt und betitelt ist
     mit »No. 8 // Eine Gattung Guitarre mit Stahlsaiten«. Auf beiden
     Darstellungen besitzt das Instrument einen Saitenhalter, was bei
     dem Instrumententyp sehr selten ist. Für die vermutete Datierung
     der Lade wäre eine Zeit nach 1826 sicher tolerierbar.

17   Vgl. das Inventar der Bibliothek des Musikinstrumenten-
     Museums Markneukirchen, in: HELLRIEGEL 1908, S. 84–91.

18   NIRRNHEIM 1900A. – NIRRNHEIM 1900B.

19   Zur Bedeutung der Zeitschrift für Instrumentenbau für die
     vogtländischen Instrumentenbauwerkstätten und -firmen
     vgl. DRECHSEL 1930, S. 16–17.

20   NIRRNHEIM 1900A und 1900B.

21   Beispielsweise Adolfo Richter, *Entwickelungsgang des Geigenbaues.*
     In: ZfI 4, 1883/1884, Nr. 20 vom 11. April 1884, S. 252.

22   Paul de Wit's historische Ausstellung auf dem 6. Internationalen
     Gitarristentage in München. In: ZfI 34, 1913/1914, Nr. 24 vom
     21. Mai 1914, S. 995–999; vgl. auch: Paul de Wit: *Die Zupf und
     Streichinstrumente im Museum de Wit in Leipzig.* In: ZfI 7,
     1886/1887, Nr. 26 vom 11. Juni 1887, S. 331–333; Nr. 27 vom 1. Juli
     1887, S. 346–348.

23   TieWV 47, vgl. FBH 2011, S. 230.

24   TieWV 18, vgl. ebd., S. 115. – Nik Tarasov: *Peter Harlan im Spiegel
     der Geschichte.* www.windkanal.de/de/zusatzmaterial/39
     [31.10.2006]. – 1930 wurde in Markneukirchen ein Violoncello
     (TieWV 96) wieder zu einer Gambe zurückgebaut, vgl. FBH 2011,
     S. 323.

25   DE WIT 1902, S. 13 (in der 2. Auflage 1910, I, S. 15).

26   LÜTGENDORFF 1904, S. 664 (ebenso in den nachfolgenden Auf-
     lagen).

27   Vgl. FBH 2011, S. 31–35.

28   Ausführliche Biografie siehe MICHEL 2007 und HANUSCH 2011.

29   Richard Jacob (Weißgerber) / Markneukirchen i. Sa. / Goethe-
     straße 2 / Kunstwerkstätte für Gitarrenbau / Gegründet 1872 /
     PREISLISTE mit Abbildungen aus meinem reichhaltigen,
     einzigartigen Musterlager in »WEISSGERBER«GITARREN.
     Markneukirchen o.J. [um 1935], S. 1.

30   Ebd., S. 10.

31   Vgl. HANUSCH 2011, S. 120.

32   Vgl. die bei HANUSCH 2011, S. 288–297, und bei MICHEL 2007,
     S. 76–80, dokumentierten Gitarren.

33   Gesamtlänge des Instruments (Maße in Millimetern): 912;
     Saitenmensur: 625; Halsmensur: 305; Griffbrett Ebenholz;
     Griffbrettbreite am Obersattel: 45; am 9. Bund: 53,8; 16 Bünde,
     Elfenbein; Korpuslänge: 448; Deckenlänge: 480; Korpusbreite
     am Oberbug: 208 bei 369 Kl (= 0,824 Kl); Korpusbreite am
     Mittelbug: 176 bei 247 Kl (= 0,551 Kl); Korpusbreite am Unterbug:
     246 bei 89 Kl (= 0,2 Kl); Korpushöhe (Bass/Diskant): am Hals:
     80; am Oberbug: 68/67; am Mittelbug: 98/97,3; am Unterbug:
     83/85; am Endklotz: 104; Halsklotz: Fichte, deutsche Bauweise
     mit stehenden Jahrringen; Boden: 21 Ebenholzspäne mit 20
     eingefügten Ahornspänen, leichte Hohlkehle in jedem Eben-
     holzspan; Bodenlänge: 452; max. Bodenbreite: 262; Bodenstärken
     (Ebenholzspäne): 1,4 bis 1,7; Zargen Ebenholz; Zargenstärke: 1,4
     … 1,8; Hals vermutlich Ahorn, schwarz gefärbt; Halslänge: 305;
     Halsstärke: 20 (am 1. Bund); 22,2 (am 7. Bund); 23 (am 9. Bund);

79 (Halsfuß), Halsbreite: 45 (oben); 55,2 (unten); Hals-Korpus-
     Verbindung: Schwalbenschwanz; HalsKopf-Verbindung: An-
     schäfter; ausführlich beschrieben in www.studiainstrumentorum.
     de/MUSEUM/WEISSGERBER/smm_tielke_2644.htm
     [24.03.2018].

34   HANUSCH 2011, S. 121.

35   Gitarren mit elfspänigen Böden: TieWV 19 (Gitarre 1679,
     FBH 2011, S. 151); TieWV 65 (Gitarre 1692, FBH 2011, S. 165);
     TieWV 111 (Gitarre 1699, FBH 2011, S. 177).

36   SACHS 1913, S. 78.

37   RUTH-SOMMER 1916, S. 40.

38   SCHLOSSER 1922, S. 36 und Taf. 7, Abb. 21.

39   Die durchschnittlichen max. Korpusbreiten von »Tielke-Model-
     len« betragen 10½ sächs. Zoll, die von »Vihuela-Modellen« 11¾
     sächs. Zoll.

40   Vgl. Martin Jacob: *Karteikarten mit den Beschreibungen zur
     Weißgerber Sammlung* (Ms.). Archiv des Museums für Musik-
     instrumente der Universität Leipzig.

41   Vgl. HEYDE 1986, S. 109, 112.

42   TieWV 28, 51, 91, 100, 118, 138 und 140.

43   TieWV 44, 101, 134 und 144 (< 5/9); TieWV 20 und 86 (> 5/9).

44   Martin Jacob: *Tradition der Gitarrenkunstwerkstätte Richard Jacob
     – Weißgerber.* Manuskript. Markneukirchen [1988]; vgl. MICHEL
     2007, S. 33–35.

45   Jacob 1988 (Anm. 44), S. 2.

46   HARLAN 1920, S. 52.

47   HARLAN 1920.

48   Preisliste »Weißgerber« um 1935 (Anm. 29), S. 11.

49   Heinrich Wiesenthal: *Bei den Heimarbeitern der Musikinstru-
     menten-Industrie des sächsischen Vogtlandes.* In: ZfI 40,
     1919/1920, Nr. 1 vom 1. Oktober 1919, S. 6.

50   Vgl. in FBH 2011: TieWV 66, S. 167; TieWV 71, S. 170;
     TieWV 135, S. 183; TieWV 136, S. 187; TieWV 138, S. 192.

51   Vgl. HANUSCH 2011, S. 291.

52   Gitarre, wohl Pietro Railich, Venedig um 1650, Sign.: »Antonio
     Mariani // Fece in Pesero // Anno 1680« (handgeschriebener
     Zettel, Fälschung); Museum für Musikinstrumente der Universität
     Leipzig, Inv.-Nr. 536. Vgl. MICHEL/NEUMANN 2016,
     S. 24–33.

53   Vgl. z.B. die Gitarre Opus-Nr. 16.1/4 aus dem Jahre 1924
     (HANUSCH 2011, S. 292–293).

54   Vgl. Gunter Ziegenhals: *Akustische Untersuchungen zu
     Klangeigenschaften von Barockgitarren und Gitarren von Richard
     Jacob Weißgerber.* www.studiainstrumentorum.de/MUSEUM/
     PDF/2016_ziegenhalß.pdf. – Dieter Schossig: *Dokumentation des
     Baus einer Barockgitarre nach dem Vorbild von Nicholas Alexandre
     Voboam, Paris 1670.* Westsächsische Hochschule Zwickau,
     Studiengang Musikinstrumentenbau, Studienarbeit,
     Markneukirchen 2010 (Ms.).

ABGEKÜRZT ZITIERTE LITERATUR

BRUNNER 2016
Xenia Brunner, *Vom Kunstobjekt zum Auslaufmodell – Eine kulturhistorische Spurensuche zum Geigenbau*, in: Klingenthaler Geigenbau. Klingenthaler Geigenbaugeschichte und Katalog historischer Instrumente aus drei Jahrhunderten. Klingenthal 2016, S. 17–21.

DE WIT 1902
Paul de Wit, *Geigenzettel alter Meister vom 16. bis zur Mitte des 19. Jahrhunderts*. Leipzig 1902.

DRECHSEL 1930
Friedrich August Drechsel, *Die »Zeitschrift für Instrumentenbau« und die vogtländische Musikinstrumenten-Industrie*, in: ZfI 51, 1930/1931, Nr. 1 vom 1. Oktober 1930, S. 16–17.

FBH 2011
Friedemann und Barbara Hellwig, *Joachim Tielke. Kunstvolle Musikinstrumente des Barock*. Berlin/München 2011.

HANUSCH 2011
Christof Hanusch, *Weißgerber. Gitarren von Richard Jacob*. Markneukirchen 2011.

HARLAN 1920
Peter Harlan, *Von der Seele alter Gitarren*, in: Der LautenAlmanach. 2, 1920, S. 50–53.

HELLRIEGEL 1908
Franz Hellriegel, *Katalog des Gewerbemuseums zu Markneukirchen*. Markneukirchen 1908.

HEYDE 1986
Herbert Heyde, *Musikinstrumentenbau. Kunst – Handwerk – Entwurf*. Leipzig 1986.

LÜTGENDORFF 1904
Willibald Leo Frh. von Lütgendorff, *Die Geigen- und Lautenmacher vom Mittelalter bis zur Gegenwart*, 2 Bde. Frankfurt/Main 1904.

MICHEL 2007
Andreas Michel (Hrsg.), *Gitarren von Richard Jacob »Weißgerber«*. Museum für Musikinstrumente der Universität Leipzig, Katalog. Leipzig 2007.

MICHEL/NEUMANN 2016
Andreas Michel und Philipp Neumann, *Gitarren. 17. bis 19. Jahrhundert*. Musikinstrumenten-Museum der Universität Leipzig, Katalog. Leipzig 2016.

NIRRNHEIM 1900A
Hans Nirrnheim, *Zur Geschichte des Musikinstrumentenbaues in Hamburg. Hamburgische Instrumentenbauer, insbesondere Geigen- und Lautenmacher*, in: ZfI 20, 1899/1900, Nr. 22 vom 1. Mai 1900, S. 638–642.

NIRRNHEIM 1900B
Hans Nirrnheim, *Zur Geschichte des Musikinstrumentenbaues in Hamburg. Eine Zusammenstellung der noch vorhandenen und bekannten Tielke'schen Instrumente*, in: ZfI 20, 1899/1900, Nr. 23 vom 11. Mai 1900, S. 668–670, und Nr. 24 vom 21. Mai 1900, S. 699–701.

RUTH-SOMMER 1916
Hermann Ruth-Sommer, *Alte Musikinstrumente*. Berlin 1916.

SACHS 1913
Curt Sachs, *Real-Lexikon der Musikinstrumente*. Berlin 1913.

SCHLOSSER 1922
Julius Schlosser, *Unsere Musikinstrumente. Eine Einführung in ihre Geschichte*. Wien 1922.

WELLER 2015
Enrico Weller, Dirk Arzig und Mario Weller, *Historische Kataloge vogtländischer Musikinstrumenten-Hersteller und Händler*. Markneukirchen 2015.

ZfI
Paul de Wit (Hrsg.), *Zeitschrift für Instrumentenbau*. Leipzig, 1880–1943.

ZOEBISCH 2000
Bernhard Zoebisch, *Vogtländischer Geigenbau. Biographien und Erklärungen bis 1850*. Horb am Neckar 2000.

ZOEBISCH 2002
Bernhard Zoebisch, *Vogtländischer Geigenbau. Biographien und Erklärungen ab 1850*. Horb am Neckar 2002.

BILDNACHWEIS

Abb. 3, 9, 13: Andreas Michel
Abb. 8: Thomas Ochs
Abb. 11: Röntgenaufnahme Kay Nestler, Muldentalklinikum Grimma

Liste der Errata zur Veröffentlichung von 2011

Es kann bei einer so umfangreichen Veröffentlichung wie der unseren von 2011 nicht ausbleiben, dass sich Fehler eingeschlichen haben (Druckfehler, die anderen anzulasten wären, gibt es im digitalen Zeitalter nicht mehr). Wir danken den Kolleginnen und Kollegen, die unser Buch rezensiert haben, für ihre entsprechenden Hinweise, ganz besonders Dr. Thomas MacCracken für seine überaus sorgfältige Durchsicht des Textes.

S. 37 Dendrochronologische Analysen wurden auch für TieWV 108 und 158 durchgeführt.

S. 72 »TieWV 165« mehrfach ersetzen durch »TieWV 164«. Die Götter und Göttinen fahren in den Drucken Danckerts durch Wasser, bei Tielke aber über Land – mit Ausnahme der Amphitrite auf der Gitarre TieWV 135 und der Viola da gamba TieWV 164; dies ist nicht ohne Logik, da ihr Wagen ja von Delphinen gezogen wird.

S. 217 Bei »Vorbesitzer« ist hinzuzufügen: »1893« erworben.

S. 225 Ersetze »Edingburgh« durch »Edinburgh«.

S. 231 Die Decke der Violine TieWV 61 ist nicht dreiteilig, sondern zweiteilig. Siehe in diesem Band S. 36, 37.

S. 237 Ersetze »Newhaven« durch »New Haven«.

S. 239 Tab. 5: TieWV 112 besitzt keinen originalen Kopf.

S. 240 Rechte Spalte unten: Das Instrument wurde 1974 von Rembert Wurlitzer, New York, erworben.

S. 241 Linke Spalte: Das Instrument wurde von Wurlitzer bereits mit einem (nicht originalen) Wirbelkasten für sechs Saiten erworben. Michael Heale kann also den gegenwärtigen Wirbelkasten nicht angefertigt haben.

S. 242 Bei »Literatur« zu TieWV 75 einfügen: KINSKY 1929, S. 241, Nr. 4.

S. 279 Rechte Spalte, 2. Absatz von unten: Das Vorbild für die Anfertigung von Griffbrett und Saitenhalter durch Paul Reichlin war das Instrument TieWV 146.

S. 281 TieWV 53, Maße: die Gesamt-L beträgt 114 cm, nicht 11 cm.

S. 299 Ersetze in »Literatur« zu TieWV 73 »Sotheby's 1985« durch »Sotheby's 5.4.1984, Nr. 56«.

S. 302 Zeile 5–6: »L. Fleta« muss heißen: »I. Fleta« (= Ignacio, siehe GH 1980, S. 229).

S. 313 Rechte Spalte, Zeile 4: Die Inv.-Nr. des Royal Scottish Museum (heute: National Museums of Scotland) ist »1908.260«, als Leihgabe in der Sammlung der Universität Edinburgh lautet sie »3356«.

S. 319 Bei »Vorbesitzer« muss es heißen »1893« erworben.

S. 320 Unter »Signatur« zu TieWV 93: »Rinders« durch »Pinders« ersetzen.

S. 322 Bei »Literatur« zu TieWV 94 einfügen: KINSKY 1929, S. 241, Nr. 5.

S. 325 Bei den Maßen zu TieWV 98 muss die Breite der Decke unten 37,8 cm, die des Bodens unten 36,9 cm lauten.

S. 335 Bei TieWV 110 muss die Inv.-Nr. lauten »N57915«.

S. 347 In »Literatur« zu TieWV 129: Das Jahr der Auktion bei Bongartz war nicht »1887«, sondern »1988«.

S. 350 Linke Spalte oben: Ersetze »Skjelström« durch »Kjellström«.

S. 350 Rechte Spalte, 9. Zeile von unten: Die Lebensdaten von Barak Norman müssen lauten: »1651–1724«.

S. 377 Linke Spalte, oben: Dieses Instrument ist identisch mit TieWV 73 (siehe oben, S. 299).

S. 411 Nr. 5: Ersetze die Inv.-Nr. »MH-L 275« durch »MH-L 172«.

S. 416 Rechte Spalte, Zeile 2: »1985 bei Bonhams« muss lauten »1975 bei Bonhams«.

S. 418 Zeile 9: Ersetze »s.u. Nr. 10« durch »s.u. Nr. 11«.

S. 426 Linke Spalte, 10. Zeile von unten: Ersetze »aufgefunde« durch »aufgefundene«.

S. 444 In den Einträgen PILIPCZUK 2007A und PILIPCZUK 2007B ersetze »Bibliographie« durch »Biographie«.

Verzeichnis aller bekannten Instrumente Joachim Tielkes

In unserer Veröffentlichung von 2011 (FBH 2011) sind alle Instrumente typologisch geordnet beschrieben. In nachfolgender Liste werden alle Instrumente in numerischer Folge des Werkverzeichnisses aufgeführt. Die Seitenangaben verweisen auf die jeweilige Beschreibung der Instrumente in der Publikation von 2011 (I/…) bzw. des hier vorgelegten Ergänzungsbandes (II/…). Darüberhinaus werden auch die aktualisierten Besitzverhältnisse angezeigt.

Nr.	Typ	Jahr	Eigentümer	Inv.-Nr.	Seite	Bemerkung
TieWV 1	Viola da gamba	1669	Musée des Instruments de Musique, Brüssel	1430	I/257–259	—
TieWV 2	Viola da gamba, Fragment	um 1669	Bayerisches Nationalmuseum, München	Mu 29	I/259, 260	—
TieWV 3	Pochette	1670	Ehemals Sammlung Alphonse van Neste, Brüssel		I/215	nicht auffindbar
TieWV 4	Violine	1670	Ehemals Besitz Johann Anton André, Offenbach		I/237	nicht auffindbar
TieWV 5	Pochette	1671	National Music Museum, Vermillion/SD	4542	I/223, 214	gefertigt in Paris
TieWV 6	Laute	1672	Ehemals Besitz Francine Raeymakers		I/141	nicht auffindbar
TieWV 7	Gitarre	1672	Ehemals Besitz James Broughton		I/198	nicht auffindbar
TieWV 8	Viola da gamba	1672	Städtisches Museum, Braunschweig	12/0/14 (alte Nr. Ck. 68)	I/260, 216	—
TieWV 9	Viola da gamba	1672	Privatbesitz Wuppertal		I/261, 262	—
TieWV 10	Viola da gamba	1673	Museum für Kunst und Gewerbe, Hamburg	1911.496	I/262–265	—
TieWV 11	Laute	1676	Museum für Musikinstrumente der Universität Leipzig	496	I/112	—
TieWV 12	Gitarre	1676	Musikhistorisk Museum og Carl Claudius' Samling, Kopenhagen	C 129	I/149, 150	—
TieWV 13	Hamburger Cithrinchen	1676	Royal College of Music, London	RCM 27	I/204–206, II/27	—
TieWV 14	Viola da gamba	1677	Privatbesitz Schweiz		I/265, 266	—
TieWV 15	Theorbe	1678	Bayerisches Nationalmuseum, München	Mu 10	I/113–115	—
TieWV 16	Viola da gamba	1678	Filharmonia im. Karola Szymanowskiego w Krakowie, Krakau	FK-5090	I/266, 267	—
TieWV 17	Viola da gamba	1677–1683	Museu da Música, Lisboa	MM 10	I/266–269	—
TieWV 18	Theorbe	um 1678	Musikinstrumenten-Museum, Berlin	Hz 1290	I/115, 116, II/34, 35	—
TieWV 19	Gitarre	1679	Private property, New York		I/150–152	—

Nr.	Typ	Jahr	Eigentümer	Inv.-Nr.	Seite	Bemerkung
TieWV 20	Gitarre	1679	National Museum of American History, Washington, DC	77.08	I/152–155	—
TieWV 20a	Pochette	1679	Museum für Kunst und Gewerbe, Hamburg	2013.86	II/13–15	—
TieWV 21	Hamburger Cithrinchen	um 1680	Victoria & Albert Museum, London	1122-1869	I/206–208	—
TieWV 22	Viola da gamba	um 1680	Privatbesitz Potsdam		I/269, II/27	—
TieWV 23	Viola da gamba	1683	The Vázquez-Collection of Historical String Instruments, José Vázquez…, Wien		I/269–271	—
TieWV 24	Viola da gamba	1683	Haags Gemeente-Museum, Den Haag	1950-0202	I/271, 272	—
TieWV 25	Viola da gamba	1683	Privatbesitz Sachsen		I/272, 273	—
TieWV 26	Terzgitarre	1684	Collection Mr. & Mme Alain Moatti, Paris		I/155, 156	—
TieWV 27	Gitarre	1684	Klassik Stiftung Weimar	KMo/00011	I/156–158	—
TieWV 28	Gitarre	um 1684	Royal College of Music, London	RCM 16	I/158, 159,	—
TieWV 29	Gitarre	um 1684	Museum für Musikinstrumente der Universität Leipzig	537	I/159, 160	—
TieWV 30	Gitarre	um 1684	Germanisches Nationalmuseum, Nürnberg	MI 57	I/160–162, II/49–57	—
TieWV 31	Kopf einer Viola da gamba	um 1684	Musikhistorisk Museum og Carl Claudius' Samling, Kopenhagen	CL 276	I/273	—
TieWV 32	Viola da gamba	1685	Musikhistorisk Museum og Carl Claudius' Samling, Kopenhagen	CL 270	I/273–276, II/28	—
TieWV 33	Viola da gamba	1685	Bachhaus Eisenach	34	I/276–278	—
TieWV 34	Viola da gamba	1685	Mary Anne Ballard, Mishawaka/Indiana		I/278, 279	—
TieWV 35	Viola da gamba	um 1685	The Caldwell Collection, Oberlin/Ohio		I/279	—
TieWV 36	Viola da gamba	um 1685	Privatbesitz Hamburg		I/280, II/28	—
TieWV 37	Baryton	um 1685	Privatsammlung, Surrey, England		I/381–383	—
TieWV 37a	Baryton	um 1685	Münchner Stadtmuseum, München	44-87	II/15–18, 35	—
TieWV 38	Viola d'amore	1686	The Caldwell Collection, Oberlin/Ohio		I/240, 241	—
TieWV 39	Viola da gamba	1686	Musikhistorisk Museum og Carl Claudius' Samling, Kopenhagen	D 26	I/280, 281	—
TieWV 40	Baryton	1686	Victoria & Albert Museum, London	115-1865	I/383–387	—
TieWV 41	Hamburger Cithrinchen	um 1686/1687	Germanisches Nationalmuseum, Nürnberg	MI 67	I/208, 209	—
TieWV 42	Hamburger Cithrinchen	um 1686/1687	Museum für Kunst und Gewerbe, Hamburg	1974.13	I/209–211	—
TieWV 43	Hamburger Cithrinchen	um 1686/1687	The Metropolitan Museum of Art, New York	1985.124	I/211, 212	—
TieWV 44	Gitarre	1687	Musikhistorisk Museum og Carl Claudius' Samling, Kopenhagen	C 83	I/162, 163	—
TieWV 45	Violine	1687	Musik- och teatermuseet, Stockholm	M2743	I/227–229	—
TieWV 46	Violine	1687	Ehemals Besitz Rosemary Menzel, New Jersey		I/229, 230	nicht auffindbar

Nr.	Typ	Jahr	Eigentümer	Inv.-Nr.	Seite	Bemerkung
TieWV 47	Violine	1687	Privatbesitz, Niederlande		I/230, 231	—
TieWV 48	Baryton	1687 (?)	Horniman Museum, London	326 A	I/387–390	—
TieWV 49	Hamburger Cithrinchen	1688	Hessische Hausstiftung, Schloss Fasanierie, Eichenzell	V 100	I/213–216	—
TieWV 50	Hamburger Cithrinchen	1688	Museum für Kunst und Gewerbe, Hamburg	1911.495	I/216, 217	—
TieWV 51	Gitarre	um 1688	Muzeum Instrumentów Muzycznych, Poznań	MNP-I-75	I/162, 164	—
TieWV 52	Mandora	1689	Musik- och teatermuseet, Stockholm	M2680	I/116, II/28	—
TieWV 53	Viola da gamba	1689	Museum für Kunst und Gewerbe, Hamburg	1893.457	I/280–283	—
TieWV 54	Viola da gamba	1689	Muzej Muzykalnych Instrumentov, St. Petersburg	16516/ 1827-X771	I/283, 284	—
TieWV 55	Viola da gamba	168[?]9	Museum für Kunst und Gewerbe, Hamburg	1921.96	I/284–287, II/36	—
TieWV 56	Kopf einer Viola da gamba	um 1690	Privatbesitz Zürich		I/287	—
TieWV 57	Viola d'amore	1690	Museum für Musikinstrumente der Universität Leipzig	786	I/241, 242	—
TieWV 58	Viola d'amore	1690	Museum für Kunst und Kulturgeschichte der Hansestadt Lübeck	3587a	I/242–244	—
TieWV 59	Viola d'amore	1690	Museum für Hamburgische Geschichte, Hamburg	1921,162	I/244, 245	—
TieWV 60	Viola da gamba	1690	The Metropolitan Museum of Art, New York	89.4.956	I/287, 288, II/36, 37	—
TieWV 61	Violine	um 1690	The Metropolitan Museum of Art, New York	1992.333	I/231–233, II/37, 38, 72	—
TieWV 62	Laute	1691	Museum für Hamburgische Geschichte, Hamburg	1953,65	I/116, 117	—
TieWV 63	Viola da gamba	1691	The Caldwell Collection, Oberlin/Ohio		I/288, 289	—
TieWV 64	Viola da gamba	1691	Bayerisches Nationalmuseum, München	Mu 39	I/289–296	—
TieWV 65	Gitarre in Basslage	1692	Haags Gemeente-Museum, Den Haag	1933-0317	I/164–166	—
TieWV 66	Gitarre in Basslage	1692	Privatbesitz		I/166–169, II/28	—
TieWV 67	Viola d'amore	1692	Musik- och teatermuseet, Stockholm	M225	I/246	—
TieWV 68	Viola d'amore	1692	Privatbesitz Hessen		I/26, 247	—
TieWV 69	Viola da gamba	1692	Toten Økomuseum, Kapp	4785	I/296, 297	—
TieWV 70	Viola da gamba	1692	Musée de l'Hospice Comtesse, Lille	2002.0.22	I/297, 298	—
TieWV 71	Gitarre in Basslage	1693	Victoria & Albert Museum, London	676-1872	I/169–173	—
TieWV 72	Violoncello	1693	Privatbesitz Hamburg		I/233, 234	—
TieWV 73	Viola da gamba	vor 1695	Privatbesitz Yokohama, Japan		I/299, 300	—
TieWV 74	Viola da gamba	1693	Musikinstrumentensammlung Willisau	76	I/300	—

Nr.	Typ	Jahr	Eigentümer	Inv.-Nr.	Seite	Bemerkung
TieWV 75	Hamburger Cithrinchen	1694	Museum für Musikinstrumente der Universität Leipzig	639	I/217–218	—
TieWV 76	Viola d'amore	1694	Germanisches Nationalmuseum, Nürnberg	MI 582	I/247, 248	—
TieWV 77	Viola da gamba	1694	Museu de la Música, Barcelona	MDMB 693	I/300–302	5-saitig
TieWV 78	Viola da gamba	1694	Museum Bellerive, Sammlung des Kunstmuseums, Zürich	1963-60,28	I/302, 303	—
TieWV 79	Viola da gamba	um 1694	Klassik Stiftung Weimar	N 204/59	I/303–307	—
TieWV 80	Viola da gamba	1695	Privatbesitz Berlin		I/308, II/28	—
TieWV 81	Viola da gamba	1695	Ueno Gakuen Educational Foundation, Tokyo		I/308–310	—
TieWV 82	Viola da gamba	1695	Musikhistorisk Museum og Carl Claudius' Samling, Kopenhagen	D 145	I/310	—
TieWV 83	Viola da gamba	1695(?)	American Society of Ancient Instruments, Philadelphia		I/310, 311	—
TieWV 84	Viola da gamba	nach 1695	Musikisntrumenten-Museum, Berlin	4654	I/311, 312, II/38, 39	—
TieWV 85	Laute	1696	Germanisches Nationalmuseum, Nürnberg	MI 394	I/117, 118, II/28, 29, 38, 39	—
TieWV 86	Gitarre	1696	Privatbesitz Kopenhagen		I/173	—
TieWV 87	Viola da gamba	1696	Privatbesitz Niederbayern		I/312, 313	—
TieWV 88	Viola da gamba	1696	Edinburgh University Collection of Historic Musical Instruments	R.S.M. 1908-260	I/313–315	—
TieWV 89	Viola da gamba	1696	Stiftelsen Musikkulturens Främjande, Stockholm	ISTo27	I/315–318	7-saitig
TieWV 90	Laute mit Kopf und Wirbelkasten einer Viola da gamba	um 1695	Musikhistorisk Museum og Carl Claudius' Samling, Kopenhagen	CL 98	I/141, 317, 318	—
TieWV 91	Gitarre	um 1696	The Metropolitan Museum of Art, New York	53.56.3	I/174, 175	—
TieWV 92	Viola da gamba	um 1696	Museum für Musikinstrumente der Universität Leipzig	815	I/318, 319	—
TieWV 93	Kopf und Wirbelkasten auf einer Viola da gamba von R. Mears	1696–1710	Museum of Fine Arts, Boston	1981.748	I/320	—
TieWV 94	Viola da gamba	1697	Museum für Musikinstrumente der Universität Leipzig	813	I/320–322	—
TieWV 95	Viola da gamba	1697	Musikhistorisk Museum og Carl Claudius' Samling, Kopenhagen	D 80	I/322, 323	—
TieWV 96	Viola da gamba	1697	Norges Musikhøgskole, Oslo	MH-L 113	I/323	—
TieWV 97	Viola da gamba	1697	Musée de la Musique, Paris	D.AD 23.461	I/323, 324	—
TieWV 98	Viola da gamba	1697	Museum für Kunst und Gewerbe, Hamburg	AB 1980	I/325, II/28	—
TieWV 99	Viola da gamba	1697	The Vázquez-Collection of Historical String Instruments, José Vázquez…		I/325, 326	—
TieWV 100	Gitarre	1698	Privatbesitz		I/175, 176, II/29	—

Nr.	Typ	Jahr	Eigentümer	Inv.-Nr.	Seite	Bemerkung
TieWV 101	Gitarre	1698	Musikhistorisk Museum og Carl Claudius' Samling, Kopenhagen	CL 170	I/176	—
TieWV 101a	Angélique	1698	Privatbesitz London		II/7–9	—
TieWV 102	Viola da gamba	1698	Musikhistorisk Museum og Carl Claudius' Samling, Kopenhagen	D 55	I/326, 327	—
TieWV 103	Pochette	1699	Jihočeské muzeum v Českých Budějovicích (Südböhmisches Museum), Budweis	H 3657	I/224, 225	gefertigt in Paris
TieWV 104	Viola da gamba	1699	Museum für Kunst und Gewerbe, Hamburg	1921.97	I/328	—
TieWV 105	Viola da gamba	1699	Museum für Kunst und Gewerbe, Hamburg	1892.147	I/328–332	7-saitig
TieWV 106	Viola da gamba	1699	Museum für Musikinstrumente der Universität Leipzig	814	I/332, 333	—
TieWV 107	Viola da gamba	1699	Privatbesitz Pere Ros, Xàtiva/Spanien		I/332–334	—
TieWV 108	Viola da gamba	um 1699	Musikinstrumenten-Museum, Berlin	4077	I/334, II/40	—
TieWV 109	Viola da gamba	um 1699	University of Toronto	181	I/334, 335	—
TieWV 110	Kopf einer Viola da gamba	um 1699	Musik- och teatermuseet, Stockholm	N57915	I/335, 336	—
TieWV 111	Terzgitarre	1699/1700	Museum für Kunst und Gewerbe, Hamburg	1921.75	I/177, 178	—
TieWV 112	Viola d'amore	1700	Musik- och teatermuseet, Stockholm	M2475	I/248, 249	—
TieWV 113	Viola da gamba	1700	Privatbesitz Brüssel		I/336, II/28	—
TieWV 114	Angélique	um 1700	Museum für Kunst und Gewerbe, Hamburg	1893.466	I/118–120	—
TieWV 115	Angélique	um 1700	Musikhistorisk Museum og Carl Claudius' Samling, Kopenhagen	CL 104	I/141, 142	—
TieWV 116	Viola da gamba	um 1700	Hiroshi Nakahara, Tokyo		I/336, 337	—
TieWV 117	Kopf einer Viola da gamba	1695–1705	Marianne Wurlitzer-Bruck, New York		I/337	—
TieWV 118	Gitarre	1701	Privatbesitz London		I/178, 179	—
TieWV 119	Viola da gamba	1701	Museum für Kunst und Kulturgeschichte der Stadt Dortmund	C 1965	I/337	—
TieWV 120	Viola da gamba	1701	Musik- och teatermuseet, Stockholm	M427	I/338, 339	—
TieWV 121	Viola da gamba	1701	Musée des Instruments de Musique, Brüssel	229	I/338–341	—
TieWV 122	Viola da gamba	1701	Ehemals Besitz Emil Burkhardt, Weimar		I/341, 342	nicht auffindbar
TieWV 123	Viola da gamba	um 1701	Händel-Haus, Halle	MS-222	I/342, 343, II/40, 41	—
TieWV 124	Mandora	1702	Musikhistorisk Museum og Carl Claudius' Samling, Kopenhagen	C 93	I/120, 121, II/28	—
TieWV 125	Viola da gamba	1702	Privatbesitz Essen		I/342–344	—
TieWV 126	Viola da gamba	1702	Germanisches Nationalmuseum, Nürnberg	MI 469	I/344, 345	—
TieWV 127	Viola da gamba	1702	Privatbesitz Stockholm		I/345, 346	—

Nr.	Typ	Jahr	Eigentümer	Inv.-Nr.	Seite	Bemerkung
TieWV 128	Viola da gamba	1702	Ehemals Besitz Aanesen, Lilleström		I/346, 347	nicht auffindbar
TieWV 129	Viola da gamba	1702	Privatbesitz Deutschland		I/346, 347	—
TieWV 130	Viola da gamba	1702	Privatbesitz Hamburg		I/347, 348, II/28	—
TieWV 131	Laute	um 1702	Historisches Museum, Frankfurt am Main	E 64	I/121, 122	—
TieWV 131a	Laute	um 1702	Musikinstrumentensammlung Willisau	28	II/9–11	—
TieWV 132	Viola da gamba, Fragment	um 1702	Museum für Angewandte Kunst, Frankfurt am Main	115	I/348, 349	7-saitig
TieWV 132a	Laute	1703	Musikinstrumenten-Museum, Berlin	4492	II/11, 12	—
TieWV 133	Gitarre	1703	Musikhistorisk Museum og Carl Claudius' Samling, Kopenhagen	2012-255	I/179, 180, II/28	—
TieWV 134	Gitarre	1703	Musikhistorisk Museum og Carl Claudius' Samling, Kopenhagen	C 178	I/181, 182	—
TieWV 135	Gitarre	1703	Museum für Kunst und Gewerbe, Hamburg	1921.74	I/182–186, II/41, 42	—
TieWV 136	Gitarre	1703	Yale University, New Haven	4569.1960	I/186–190	—
TieWV 137	Viola da gamba	1703	Privatbesitz Naoki Nishitani, Tokyo		I/349, 350	—
TieWV 138	Gitarre	um 1703	Rosenborg Slot, Kopenhagen	11-21	I/190–194	—
TieWV 139	Angélique	1704	Landesbibliothek Mecklenburg/ Vorpommern, Schwerin		I/123–125	—
TieWV 140	Gitarre	1704	Beare Collection, London		I/194–196	—
TieWV 141	Gitarre	1704	Museum für Kunst und Gewerbe, Hamburg	1992.32	I/**196**–198, II/42, 43	—
TieWV 142	Laute	um 1704	Privatbesitz		I/125, 126	—
TieWV 143	Angélique	um 1704	Museum Bellerive, Sammlung des Kunstmuseums, Zürich	1963-60,33	I/126–128, II/43, 44	—
TieWV 144	Viola da gamba	um 1704	Victoria & Albert Museum, London	7360-1861	I/350–352	—
TieWV 145	Viola da gamba	um 1704	Musée d'Art et d'Histoire de Genève, Genf	IM 0017	I/352–354	—
TieWV 146	Viola da gamba	um 1704	Historisches Museum, Basel	1872.65	I/354–356	—
TieWV 147	Griffbrett einer Viola da gamba	um 1704	Victoria & Albert Museum, London	167-1882	I/355, 356	—
TieWV 148	Viola da gamba	1705	Privatbesitz Hamburg		I/356, 357, II/29	—
TieWV 149	Laute	1706	Privatbesitz Amsterdam		I/128–130	—
TieWV 150	Viola da gamba	1706	Norges Musikhøgskole, Oslo	MH-L 111	I/357, 358	—
TieWV 151	Theorbe	1707	National Music Museum, Vermillion/SD	4003	I/130–132	—
TieWV 152	Viola da gamba	1707	Ringve Museum, Trondheim	RMT 2009/7	I/359, 360	—
TieWV 153	Viola da gamba	1707	Privatbesitz Utrecht		I/361, 362	—
TieWV 154	Theorbe	um 1707	Musée de la Musique, Paris	E 27. C 219	I/132–134	—
TieWV 155	Theorbe	um 1707	Magyar Nemzeti Múzeum, Budapest	1951.44	I/134–136	—
TieWV 156	Theorbe	um 1707	Muzej Muzykalnych Instrumentov, St. Petersburg	16516/1180 X-41	I/136, 137	—

Nr.	Typ	Jahr	Eigentümer	Inv.-Nr.	Seite	Bemerkung
TieWV 157	Viola da gamba	1708	Privatbesitz Schweiz		I/362	—
TieWV 158	Viola da gamba	1708	Deutsches Museum, München	41556	I/362, 363, II/44	—
TieWV 159	Kopf einer Viola da gamba	?	Privatbesitz Niederlande		I/363	—
TieWV 160	Viola da gamba	1717	Museum für Angewandte Kunst, Frankfurt am Main	1a	I/363–366, II/29, 30	—
TieWV 161	Viola da gamba	um 1717	Ringve Museum, Trondheim	RMT 67/112	I/366, 367	—
TieWV 162	Theorbe	1718	Musikinstrumenten-Museum, Berlin	5259	I/137–139, II/45	—
TieWV 163	Mandora	um 1718	Privatbesitz Zürich		I/140, 141, II/28	—
TieWV 164	Viola da gamba	um 1718	Victoria & Albert Museum, London	168-1882	I/367–370	—
TieWV 165	Viola da gamba	1719	Privatbesitz Essen		I/370–373	—
TieWV 166	Viola da gamba	1718 oder später	The Library of Congress, Washington, DC	o. Nr.	I/373	—
TieWV 167	Viola da gamba	1719 oder später	Privatbesitz Bayern		I/373–375, II/45, 46	—
TieWV 168	Viola da gamba	1719 oder später	Martin C. Bonham, British Columbia		I/375, 376	—
TieWV 169	Viola da gamba	1719 oder später	Stiftelsen Musikkulturens Främjande, Stockholm	IST067	I/375–378	—
TieWV Z01	Zettel in einer Viola d'amore	1719?	Museum of Fine Arts, Boston	17.1719	I/53 (1)	—
TieWV Z02	Zettel in einer Viola da gamba	16…	Germanisches Nationalmuseum, Nürnberg	MIR 788	I/53 (2)	—
TieWV Z03	Zettel in einer Viola da gamba	168…	Musikhistorisk Museum og Carl Claudius' Samling, Kopenhagen	CL 272	I/53 (3)	—

Das Tielke-Archiv wird zu einem späteren Zeitpunkt in den Besitz des Museums für Kunst und Gewerbe, Hamburg, übergehen. Alle Anfragen richten Sie dann bitte dorthin (www.mkg-hamburg.de oder service@mkg-hamburg.de).

The Tielke archive will eventually be transfered to the Museum für Kunst und Gewerbe, Hamburg. All enquiries should be directed to www.mkg-hamburg.de or to service@mkg-hamburg.de.

Die Autoren

Micha Beuting (Dr. rer. nat.) studierte nach seiner Ausbildung zum Tischler Holzwirtschaft an der Universität Hamburg und dem Buckinghamshire Chilterns University College in High Wycombe (GB). Sein Studium schloss er mit der Diplomarbeit *Holzkundliche und dendrochronologische Untersuchungen an Tasteninstrumenten* ab. Als Stipendiat der Konrad-Adenauer-Stiftung e. V. und der Gesellschaft der Freunde und Förderer der BFH e. V. verfasste er eine Dissertation zum Thema *Holzkundliche und dendrochronologische Untersuchungen an Resonanzholz als Beitrag zur Organologie*. Seither ist er als von der Handelskammer Hamburg öffentlich bestellter und vereidigter Sachverständiger für dendrochronologische Untersuchungen von Musikinstrumenten tätig. Micha Beuting führt zudem Audits und Beratungen im Bereich FSC- und PEFC-Produktkettenzertifizierung durch und lehrt an der Einrichtung autonome jugendwerkstätten hamburg e. V.

Barbara Hellwig (Dr. phil.) ist Kunsthistorikerin und hat am Germanischen Nationalmuseum Nürnberg den Katalog der Inkunabeln sowie den der illuminierten mittelalterlichen Handschriften veröffentlicht. In dem 2011 zusammen mit ihrem Mann Friedemann Hellwig veröffentlichten Band *Joachim Tielke. Kunstvolle Musikinstrumente des Barock* hat sie insbesondere die Abschnitte zum Dekor der Instrumente verfasst.

Friedemann Hellwig ist Geigenbaumeister. Von 1963 bis 1986 war er als Restaurator an der Instrumentensammlung des Germanischen Nationalmuseums Nürnberg tätig. In den Jahren 1977 bis 1983 übernahm er das Amt des Präsidenten des Internationalen Komitees für Musikinstrumentenmuseen und -sammlungen (CIMCIM) im Internationalen Museumsrat (ICOM). Nach kurzer Zeit als Werkstättenleiter des Rheinischen Museumsamtes Brauweiler erhielt er 1988 eine Professur für die Restaurierung und Konservierung von Kunst- und Kulturgut aus Holz an der FH (heute TH) Köln. Nach Eintritt in den Ruhestand 2003 beschäftigte er sich mit der Erforschung der Arbeit Joachim Tielkes; 2011 veröffentlichte er, zusammen mit seiner Frau Barbara H., den oben genannten Band.

Sebastian Kirsch hat Germanistik und Kunstgeschichte studiert, bevor er an der Akademie der bildenden Künste Wien ein Studium der Restaurierung/Konservierung abschloss. Von 2014

bis 2018 war er am Germanischen Nationalmuseum, Nürnberg, im DFG-Forschungsprojekt MUSICES tätig, das er zunächst als Kunsttechnologe, später als Projektmanager begleitete. Seit 2018 ist er als Wissenschaftlicher Mitarbeiter am Musikinstrumentenmuseum der Universität Leipzig angestellt, wo an einer Dissertation im Fach Musikwissenschaft arbeitet. Seine Forschungsschwerpunkte sind Technologiegeschichte, 3D-Bildgebung und die Geschichte der Lauteninstrumente. Gemeinsam mit Meike Wolters ist er Sprecher der Fachgruppe Musikinstrumente im Verband der Restauratoren (VDR).

Peter Klein (Dr. rer. nat.) nahm nach der Facharbeiterausbildung zum Sägewerker 1968 das Studium der Holzwirtschaft an der Universität Hamburg auf. 1973 erfolgte der Abschluss als Diplom-Holzwirt *Über die Kationenadsorption verholzter Zellgewebe* und 1976 die Promotion mit dem Thema *Qualitative und quantitative Untersuchungen über die Aufnahme von Ionen bei der Filtration und Tränkung einiger Nadel- und Laubholzarten*. Von 1978 bis 1981 war er wissenschaftlicher Mitarbeiter an der Gemäldegalerie Berlin. Daran schloss sich von 1981 bis 2010 eine wissenschaftliche Mitarbeit am Zentrum Holzwirtschaft der Universität Hamburg mit dem Forschungsschwerpunkt *Dendrochronologie an Kunstwerken* an. Seit Wintersemester 2001/2002 ist Klein als Honorar-Professor an der FH Hildesheim/Holzminden/Göttingen – Hochschule für angewandte Wissenschaft und Kunst tätig. 2005 erfolgte die Habilitation im Fachbereich Biologie der Universität Hamburg und die Venia legendi für das Fach Holzbiologie. Seit 2010 führt er als Selbstständiger die Firma Dendro & Art.

Andreas Michel (Dr. phil.) ist Musikwissenschaftler. Studium in Leipzig, Forschungsstudium im Fach Musikethnologie an der Slowakischen Akademie der Wissenschaften Bratislava; 1985 bis 1993 wissenschaftlicher Mitarbeiter im Institut für Ästhetik und Kunstwissenschaften an der Akademie der Wissenschaften der DDR in Berlin, Arbeitsgruppe Musikethnologie; 1994 bis 2000 wissenschaftlicher Mitarbeiter am Musikinstrumenten-Museum der Universität Leipzig; 2000 Professur für Musikinstrumentenkunde und Musikgeschichte am Studiengang Musikinstrumentenbau der Westsächsischen Hochschule Zwickau; Forschungen und Publikationen zur Musikgeschichte, Ethnoorganologie und Musikinstrumentenkunde (www.studia-instrumentorum.de).